AF318162

TRANSPORT

PAR

CHEMINS DE FER

DES MARCHANDISES ET DES VOYAGEURS

Par Alexandre BRUN

GRADUÉ EN DROIT

———————— ✳ ————————

EN VENTE CHEZ PAUL DULAC

41, RUE DES DAMES, 41

PARIS

TRANSPORT

PAR

CHEMINS DE FER

DES MARCHANDISES ET DES VOYAGEURS

Par Alexandre **BRUN**

GRADUÉ EN DROIT

———————— ✳ ————————

EN VENTE CHEZ PAUL DULAC

41, RUE DES DAMES, 41

PARIS

TRANSPORT PAR CHEMINS DE FER

DES MARCHANDISES ET DES VOYAGEURS

Notions générales sur les chemins de fer et les conditions qui leur sont imposées.

L'établissement des chemins de fer pour le transport des marchandises a opéré une véritable révolution dans le commerce et dans l'industrie .

La rapidité économique des transports qu'ils assurent a ouvert de nouveaux horizons, modifié les bases d'opération, transformé le cours des transactions.

Les puissantes compagnies qui se sont formées pour l'exploitation des lignes ferrées, en outre des avantages qu'elles ont créés, offraient aussi des dangers redoutables pour les industries similaires auxquelles elles ont porté un coup fatal, mais qu'elles auraient immédiatement ruinées si une législation spéciale n'y avait pris garde. Il est évident que s'il leur eût été permis d'établir et de modifier à volonté leurs tarifs, elles les eussent réduits d'abord au point de rendre toute concurrence impossible, quitte ensuite à les élever d'une manière exorbitante pour compenser les premiers sacrifices.

D'autre part, la mobilité facultative des tarifs eût permis aux compagnies de favoriser telle industrie, tel commerce ou tel commerçant au détriment de telle autre industrie, de tel autre commerce ou de tel autre commerçant. C'eût été arbitraire et souverainement injuste.

Les moyens de transport des marchandises étant l'âme du commerce et leur prix de revient l'un des éléments essentiels du prix de vente, le législateur n'a pas voulu que le favoritisme pût amener la fortune des uns et causer la ruine des autres.

Les compagnies de chemin de fer, outre qu'il leur est interdit de se livrer à aucune opération commerciale, sont assujetties à des tarifs fixes mais, différents selon la nature des marchandises et les conditions de transport et mis à la disposition de tous.

Les taxes et les tarifs ne peuvent être modifiés sans l'homologation ministérielle; et le public doit être informé par voie d'affiches, un mois au moins avant l'application des nouveaux tarifs homologués sous peine de dommages-intérêts en raison des préjudices causés (Cassation, 10 janvier 1849, art. 21, loi du 15 janvier 1845.)

Les tarifs régulièrement intervenus et dûment homologués sont obligatoires et ont force de loi envers et contre tous ; pour les compagnies aussi bien que contre elles.

L'hypothèse d'un traité particulier intervenu entre l'expéditeur et la compagnie ne saurait prévaloir ; il serait de nul effet comme étant contraire aux dispositions de la loi, c'est-à-dire aux tarifs dûment homologués.

L'erreur commise par la compagnie ne saurait lui être imputée ; les règlements font force de loi, et nul n'est censé ignorer la loi.

L'erreur de la compagnie réparée au détriment du commerçant, à quelque époque qu'en soit faite la demande, car elle est toujours recevable, même longtemps après que les marchandises ont été livrées, ne se concilie guère avec l'idée de justice. Il est évident en effet que s'il est un coupable, ce n'est pas le commerçant qui n'a ni le temps ni le devoir d'étudier les tarifs et de les connaître, mais bien l'employé de la compagnie qui s'est trompé.

Dans ce cas, le moins coupable est le seul puni, puisque la compagnie rentre dans l'intégralité du prix qui lui est dû au grand préjudice du commerçant qui, croyant naturellement s'être conformé aux obligations de la loi, après avoir calculé le prix de vente de sa marchandise sur le prix de revient, frais et transport compris, se trouve dans l'obligation de subir une perte qu'il lui était difficile, sinon impossible, de prévoir et d'éviter.

Un commerçant s'adresse aux employés de la compagnie, voire même au directeur, pour savoir ce que lui coûtera le transport de ses marchandises d'un point à un autre. Le prix est donné, convenu entre les parties et les marchandises transportées. Mais voilà qu'à l'arrivée, il est réclamé soit à l'expéditeur, soit au destinataire une somme supérieure à celle préalablement indiquée sous prétexte que M. le directeur ou les employés se sont trompés et n'ont pas donné la taxe véritable exigible d'après les tarifs.

Le commerçant devra payer la différence. Il aura beau objecter que, sur la foi des renseignements pris, il a établi son prix de vente d'après les frais de transport convenus, que le payement de la différence le met en pertes, lui occasionne un préjudice très grave, il lui sera répondu que les tarifs font loi entre les parties, et que nul n'est censé ignorer la loi.

Les marchandises ont-elles été livrées et ne s'aperçoit-on que longtemps après de l'erreur, cette erreur doit être réparée, mais réparée par le commerçant.

Les tribunaux de commerce, frappés de l'iniquité de ce résultat, repoussent presque toujours ce système, mais la Cour suprême casse invariablement leurs décisions.

Des tarifs.

La connaissance des tarifs et la recherche des taxes pour les différentes marchandises dans les diverses conditions de transport ne sont pas toujours faciles puisque les hommes du métier eux-mêmes se trompent.

Il faut en effet une longue pratique pour s'y reconnaître au milieu de cet amas de chiffres, à travers ce labyrinthe de tableaux de temps en temps modifiés qui recouvrent les quelques centaines de pages du livret Chaix.

Les tarifs se divisent ainsi qu'il suit :

    Tarif maximum légal ;
    — généraux ;
    — proportionnels ou différentiels ;
    — d'exportation et de transit ;
    — de détournement ;
    — communs.

Le *tarif maximum légal* est celui créé par l'article 42 du cahier des charges pour garantir les compagnies des capitaux engagés et des frais d'exploitation, mais elles ne l'emploient jamais parce qu'il est de leur intérêt de diminuer autant que possible les prix de transport.

Les *tarifs généraux* sont ceux arrêtés par les compagnies, au-dessous du tarif maximum quand ils s'appliquent à tous les transports de quelque nature qu'ils soient.

Les *tarifs spéciaux* s'appliquent à une classe déterminée d'expéditeurs et à certaines marchandises à des conditions spéciales dictées par les compagnies, à savoir :

Ou d'expédier par wagon complet ou d'accepter pour le transport un délai plus long que le délai réglementaire ;

Ou d'exonérer les compagnies de toute responsabilité.

Nous reviendrons dans un chapitre suivant sur l'irresponsabilité des compagnies en cas de garantie.

Ces tarifs ont été fortement critiqués par les petits commerçants peu susceptibles d'expédier par wagon complet, mais l'intérêt général des transactions commerciales a prévalu.

Les tarifs spéciaux ou conventionnels sont subordonnés à la demande expresse qui en est faite, et cela pour éviter toute contestation.

Les tarifs spéciaux sont { proportionnels ou différentiels.

Le tarif est proportionnel lorsque, par unité de poids pour une même marchandise, la somme à percevoir est 2, 3 ou 4 fois plus grande ou plus petite, suivant que la distance est 2, 3 ou 4 fois plus grande ou plus petite. Une marchandise payera par exemple : X centimes par tonne et par kilomètre.

Le *tarif* est *différentiel* lorsque, étant donné l'unité de poids, il varie à raison de la distance à parcourir.

Exemple :

De 0 à 100 kilomètres	0 fr. 08 la tonne.	
De 101 à 300 —	0 05 —	
De plus de 300 —	0 04 —	

Il est différentiel à raison de la quantité de marchandises dans l'exemple suivant :

10 centimes par tonne et par kilomètre, de   0 à 100 tonnes.
 8   —   —   —   de 100 à 300   —
 6   —   —   —   au-dessus de 300   —

Le *tarif* est dit de *détournement* quand il s'établit d'après la distance calculée à vol d'oiseau.

Ainsi les marchandises voyageant entre Nantes et Lyon devant aller passer à Paris, on appellera tarif de détournement celui qui fixera la taxe d'après la distance directe entre Nantes et Lyon calculée en ligne droite et non d'après celle réellement parcourue.

Les *tarifs communs* sont formés par la combinaison des tarifs spéciaux ou différentiels des diverses compagnies pour les marchandises obligées de voyager sur leurs lignes; ils sont généralement inférieurs aux tarifs généraux de chacune de ces compagnies.

De la perception des taxes.

La diminution du prix de revient étant la source première des bénéfices, il s'ensuit que si les compagnies de chemin de fer étaient restées libres de percevoir à leur gré et sans autre contrôle que leur bon vouloir les taxes dues pour le transport des marchandises, elles auraient pu favoriser les uns et amener la ruine des autres, de ceux qui pour une cause quelconque leur auraient déplu. La concurrence est en effet impossible à soutenir avec d'aussi puissantes compagnies; elles ont acquis le monopole du transport et force eût été de se soumettre à leurs exigences, quoique injustes et arbitraires.

Le législateur a sagement prévenu ce danger.

L'article 48 du cahier des charges des compagnies dispose :

« La perception des taxes devra se faire indistinctement et sans aucune faveur.

« Tout traité particulier qui aurait pour effet d'accorder à un ou plusieurs expéditeurs une réduction sur les tarifs approuvés demeure formellement interdite. »

La Cour de cassation jugeait le 30 mai 1876 (Dall., 76, 1, 465 ; Sir., 76, 1, 219) « que la convention intervenue entre une compagnie de chemin de fer et un expéditeur et renfermant au profit de celui-ci, par dérogation au cahier des charges, un avantage que cette compagnie pourrait refuser aux autres, doit être réputée illicite et l'expéditeur est sans droit pour en réclamer l'exécution.

« Que telle est la convention aux termes de laquelle une compagnie se serait obligée à mettre d'avance et à jour fixé un nombre déterminé de wagons à la disposition d'un expéditeur pour le chargement de ses marchandises. »

La Cour de cassation avait raison, car, dans ce cas, les marchandises arriveraient à destination, évidemment avant celles chargées dans les 24 heures de leur présentation ou de leur remise et défieraient ainsi la concurrence.

La compagnie est seulement tenue de recevoir dans ses gares les marchandises qui lui sont remises et de les transporter dans le délai réglementaire.

L'égalité entre tous est la base essentielle et unique de la législation qui régit les compagnies de chemins de fer.

Factage, camionnage, correspondance.

Les compagnies de chemins de fer sont tenues du transport des marchandises, mais les voies ferrées ne vont pas partout et dans les contrées qu'elles traversent leurs gares sont parfois assez éloignées des localités qu'elles desservent.

Comment, dans ces conditions, faire parvenir aux destinataires les colis qui leur sont adressés à domicile ?

Les services de factage, de camionnage et de correspondance ont été établis à cet effet.

Le factage et le camionnage ne sont en réalité qu'une seule et même opération qui consiste dans l'enlèvement des marchandises à la gare d'arrivée et leur transport aux domiciles des destinataires. Mais ce transport porte le nom de factage pour les arrivages des marchandises en petite vitesse. L'article 52 du nouveau cahier des charges dispose : « La compagnie est tenue de faire, soit par elle-même, soit par un intermédiaire dont elle dispose, le factage et le camionnage pour la remise aux domiciles des destinataires de toutes les marchandises qui lui sont confiées. Le factage et le camionnage ne sont point obligatoires en dehors du rayon de l'octroi non plus que pour les gares qui desserviraient soit une population agglomérée de moins de 5.000 habitants, soit un centre de population de 5.000 habitants situé à plus de cinq kilomètres de la gare du chemin de fer.

« Les tarifs à percevoir seront fixés par l'Administration sur la proposition de la compagnie. Ils seront applicables à tout le monde sans distinction. Toutefois les expéditeurs et les destinataires resteront libres de faire eux-mêmes et à leurs frais le factage et le camionnage des marchandises. »

Comme on le voit la compagnie est tenue du factage et du camionnage des marchandises, mais les expéditeurs et les destinataires ne sont nullement liés par cette obligation. Ils peuvent faire exécuter le camionnage par qui bon leur semble et dans telles conditions qu'il leur plaît. D'autre part l'obligation du factage et du camionnage qui s'impose à la compagnie à l'arrivée des marchandises n'existe pas au départ, où l'un et l'autre sont facultatifs, mais au départ comme à l'arrivée les tarifs à percevoir sont fixés par l'Administration et ont force de loi envers et contre tous au même titre que ceux qui règlent le transport entre deux gares.

Ils sont obligatoires non seulement au point de vue du prix mais de toutes les autres conditions qu'ils déterminent notamment la compagnie ne saurait valablement renoncer au délai supplémentaire qui lui est accordé pour la livraison des colis à domicile.

Concurremment avec le camionnage dont il vient d'être parlé, il existe dans bien des centres importants un camionnage libre.

Les compagnies avaient d'abord prétendu, pour détruire la concurrence, pouvoir favoriser l'accès des gares à leurs camions en dehors des heures d'ouverture et avant ou après que le camionnage libre eût le droit de s'introduire dans les gares.

1.

Mais une décision ministérielle de 1873 a mis fin à ces excès en autorisant le camionnage libre à venir charger aux mêmes heures que le camionnage de la compagnie.

Dans quel cas les marchandises doivent-elles être camionnées par la compagnie ? Pour la grande vitesse, toute expédition, sauf à l'égard des bagages, doit porter la mention *en gare* ou à *domicile* selon que l'envoi ne doit pas ou doit être camionné. A défaut de mention, les marchandises sont livrées à domicile où il existe un service de factage.

Une déclaration identique doit être faite pour la petite vitesse, mais en cas d'omission les marchandises sont livrables en gare. Nous verrons plus loin que les compagnies sont libres d'aviser ou de ne pas aviser le destinataire de l'arrivée des marchandises qui lui sont adressées. Ce silence peut dans certains cas être préjudiciable aux commerçants et aux compagnies elles-mêmes. Aussi ne l'observent-elles que rarement.

La lettre d'avis est transmise par la poste, et quand le destinataire se trouve dans le rayon de l'octroi où s'exerce le service de factage et de camionnage, elle contient l'indication suivante :

« La compagnie se chargeant de la remise à domicile vous aurez à dater et à signer l'une des deux indications ci-dessous : Reçu marchandises — ou veuillez faire livrer marchandises, » selon que vous voudrez faire camionner votre marchandise par la compagnie ou la faire prendre vous-mêmes à la gare.

Dans le dernier cas, la compagnie doit pourvoir à la remise de la marchandise dans le délai réglementaire; elle se rend passible de dommages-intérêts en cas de retard.

Dans le premier cas, au contraire, le destinataire doit, sous peine de payer des droits de magasinage enlever ses marchandises dans un délai déterminé et fixé par arrêté ministériel du 12 janvier 1872, ainsi conçu :

ARTICLE 1er. — « Jusqu'à nouvel ordre le tarif de magasinage dans toutes les gares de chemin de fer et ainsi fixé pour la petite vitesse. Les marchandises qui seront adressées en gare et qui ne seront pas enlevées, pour quelque cause que ce soit, dans la journée du lendemain de la mise à la poste de la lettre d'avis, adressée par les compagnies au destinataire paieront les droits ci-après :

« 5 centimes par fraction indivisible de 100 kilogr., et par jour pour les 3 premiers jours à partir de l'expiration du délai ci-dessus fixé.

« 10 centimes par fraction indivisible de 100 kilogr., et par jour pour chaque jour en sus. »

Le minimum de la perception est fixé à 10 centimes. *Marchandises par Wagon complet.* Pour les marchandises désignées soit dans les tarifs généraux, soit dans les tarifs spéciaux comme étant transportées par wagon complet avec faculté ou obligation pour les expéditeurs et destinataires de faire eux-mêmes le chargement et déchargement les droits de stationnement des wagons seront les suivants :

Au départ. — Les wagons devront être complètement chargés dans les 24 heures qui suivront la mise à la disposition des expéditeurs; passé ce délai, il sera perçu un droit de stationnement de 10 fr. par wagon entamé et par jour de retard, quelle que soit la contenance du wagon.

A l'arrivée. — Les wagons devront être complètement déchargés dans la journée du lendemain de la mise à la poste de la lettre d'avis adressée par les compagnies au destinaire. Passé ce délai, les compagnies feront le déchargement et percevront pour cette opération 0 fr. 30 par tonne, sans préjudice des droits ordinaires de magasinage pour les marchandises déchargées, à compter de l'expiration du délai ci-dessus fixé.

En cas d'impossiblité absolue pour les compagnies, elles pourront laisser les marchandises sur les wagons et percevoir un droit de stationnement de 10 fr. par jour de retard, quelle que soit la contenance du wagon. — Un récent arrêté ministériel, dont nous donnons plus loin la teneur, modifie un peu ces dispositions.

L'arrêté ministériel précité ne prévoit que l'hypothèse d'un wagon complet et non celle de la remise à la compagnie d'un ou plusieurs colis qu'elle peut charger dans tel wagon que bon lui semble.

L'article 16 des tarifs généraux prévoit ce cas. Après avoir examiné le droit de magasinage à l'arrivée il ajoute : «Les mêmes droits de magasinage seront perçus au départ, à l'expiration des 24 heures qui suivront la remise en gare, pour les marchandises que la compagnie consentirait, sur la demande de l'expéditeur, à conserver sur les quais ou dans ses magasins au-delà de ce délai, la compagnie n'étant tenue d'ailleurs d'accepter que les marchandises prêtes à être expédiées. »

La compagnie n'est tenue d'accepter que les marchandises prêtes à être expédiées, mais il ne s'en suit pas de là que les autres soient exemptes du droit de magasinage. Le fait seul du dépôt et l'acceptation quoique tacite de ce dépôt constitue le contrat en vertu duquel le dépositaire est tenu des redevances réglementaires et la compagnie soumise aux responsabilités qu'entraîne la bonne conservation des marchandises. (Cassation, 8 mars 1876.)

A l'arrivée, les droits de magasinage ne sont exigibles qu'autant que la marchandise est arrivée à la gare où elle doit être remise. Cependant, si, pour cause de force majeure, elle avait été arrêtée dans une gare intermédiaire, la compagnie serait fondée à réclamer une rémunération si pour sa conservation elle l'avait fait emmagasiner. — Telle est l'opinion de M. Sarrut.

Afin d'éviter l'encombrement dans les gares, l'arrêté ministériel du 12 janvier 1872 autorise le camionnage d'office et s'exprime ainsi :

« Les compagnies de chemin de fer sont autorisées à titre provisoire à faire camionner d'office soit au domicile du destinataire, soit dans un magasin public toutes les marchandises qui, adressées en gare à un point quelconque de leur réseau, ne seraient pas enlevées dans la journée du lendemain de la mise à la poste de la lettre d'avis, écrite par la compagnie au destinataire, les frais de camionnage étant calculés d'après les tarifs homologués.

« Cette disposition est applicable indistinctement aux marchandises mises à quai ou laissées sur les wagons pour être déchargée par les destinataires. » — Lamé Fleury, C. ann, p. 220. — Il incombe à la compagnie qui réclame des droits de magasinage d'établir, en cas de contestation, l'envoi de la lettre d'avis.

La remise de cette lettre, exactement adressée et revêtue de la signature du destinataire, autorise la compagnie à livrer la marchandise, et couvre entièrement sa responsabilité en cas d'erreur dans la personne, de fausse signature, etc.

« Les compagnies ne sont pas tenues d'aviser les destinataires des marchandises livrables en gare à l'arrivée de celles-ci.

« La lettre d'avis n'a d'autre objet que de faire, en cas de non-enlèvement des marchandises, courir les frais de magasinage.

« Il a été jugé en effet par le Tribunal de la Seine (2 août 1893) : que les lettres d'avis, que les compagnies de chemins de fer ont l'habitude d'adresser aux destinataires n'ont d'autre but que de prendre date pour faire courir les frais de magasinage, mais qu'elles ne sont nullement obligatoires pour cela. C'est au destinataire qu'il appartient de s'enquérir lui-même à la gare de la date d'arrivée de ses marchandises et de se présenter pour les retirer. » (Coquengniot : *Guide du commerçant pour les transports.*)

Nous comprenons fort bien ce que cet état de choses offre d'inconvénients pour le destinataire qui la plupart du temps ne sait pas quels sont les délais de transports et qui, même s'il connaît les délais, ne peut prévoir les retards qui peuvent se produire. En effet les compagnies ont droit, pour l'Expédition des marchandises par petite vitesse, *au tarif général,* à un délai de un jour non compris le jour de la réception. La durée du trajet est en outre calculée à raison de 24 heures par fraction indivisible de 125 kilomètres, et les expéditions doivent être mises à la disposition du destinataire dans le jour qui suit celui de leur arrivée effectuée en gare.

Mais si l'expédition est faite *en tarif réduit,* la réduction du prix est souvent compensée d'un autre côté par une clause prolongeant les délais de transport. Le destinataire ne pourra donc, la plupart du temps, calculer exactement la date d'arrivée des marchandises qu'il aura demandées et pourra être forcé de faire à la gare plusieurs voyages inutiles et souvent très coûteux, si l'on songe que certaines localités sont distantes de 15 kilomètres, et quelquefois plus, de la gare la plus rapprochée.

Il serait donc nécessaire que, dans ces conditions, la lettre d'avis, de facultative, fût rendue obligatoire.

Une observation que nous ferons encore, c'est que parfois une gare ne porte pas absolument le même nom que la localité sur le territoire de laquelle elle est située et que l'on est souvent porté à indiquer au lieu du nom de la gare le nom de la commune, ce qui peut donner lieu à des retards ou à des erreurs.

Dans le département, une indication erronée est souvent rectifiée par l'employé de la gare lui-même, mais si c'est dans un département éloigné, l'employé, après avoir consulté ses tableaux, répondra invariablement que la gare qu'on lui indique n'existe pas sur le réseau.

Pour compléter ce que nous disons aujourd'hui des transports, nous donnons ci-après le texte d'un récent arrêté ministériel concernant les demandes de wagons, leur chargement et déchargement.

*Arrêté ministériel portant modification de l'article 15
de l'arrêté du 26 avril 1892
sur les frais accessoires.*

Article 1er. — Les dispositions de l'article 15 de l'arrêté ministériel du 26 avril 1892 sont remplacées par les dispositions ci-après ;

Fourniture, chargement et déchargement des wagons.

Fourniture.

Les expéditeurs sont tenus de faire connaître par écrit à la gare de départ le nombre de wagons qui leur sont nécessaires, pour l'expédition des marchandises dont ils doivent ou peuvent effectuer le chargement, ils indiquent en même temps la nature et le poids de ces marchandises.

Dans les quarante-huit heures qui suivent la réception de la demande la compagnie informe l'expéditeur, des jours et heures où les wagons seront mis à sa disposition. Les délais de transport courent du lendemain du jour de la réception de la demande de l'expéditeur, ils seront augmentés des retards que subirait le chargement des wagons s'il n'est pas effectué dans le délai ci-après :

La compagnie peut, à son choix, aviser l'expéditeur soit par la poste, soit par un exprès, soit par le télégraphe ; les frais de cet avis, qui sont à la charge de l'expéditeur, ne devant en aucun cas dépasser le prix fixé pour la taxe d'une lettre. Toutefois l'expéditeur qui aura demandé l'emploi du télégraphe en supportera les frais.

Chargement.

Le chargement des wagons doit être complètement effectué dans le courant de la journée où ils auront été mis à la disposition de l'expéditeur pourvu que l'avis ait été adressé à l'intéressé de façon à être reçu par lui au plus tard avant cinq heures et demie la veille du jour où le chargement doit être effectué et que les wagons aient été mis à sa disposition dès l'heure réglementaire de l'ouverture de la gare. Quand l'une ou l'autre de ces conditions n'aura pas été remplie, le délai assigné à l'expéditeur pour le chargement est augmenté de 24 heures.

Il en est de même lorsque l'expéditeur réside dans une commune qui ne possède pas de bureau de poste ou qui n'est pas desservie par le même bureau que la gare qui a expédié l'avis, à moins que la compagnie n'ait fait prévenir l'expéditeur par exprès.

Passé les délais ci-dessus, il est perçu un droit de stationnement de dix francs par *wagon*, entamé ou non entamé, et par jour de retard, quelle que soit la contenance du wagon.

Déchargement.

La compagnie peut, à son choix, aviser le destinataire, soit par la poste, soit par le télégraphe ; les dispositions ci-dessus relatives aux frais de l'avis adressé à l'expéditeur étant applicables à l'avis adressé au destinataire.

Les wagons doivent être complètement déchargés dans la journée du lendemain de cet avis pourvu qu'il ait été adressé de façon à être reçu avant cinq heures et demie du soir du jour où il est expédié. Dans le cas contraire, le délai assigné au destinataire pour le déchargement est augmenté de 24 heures.

Il en est de même lorsque le destinataire réside dans une commune qui ne possède pas de bureau de poste ou qui n'est pas desservie par le même bureau que la gare qui a expédié l'avis, à moins que les compagnies n'aient fait prévenir le destinataire par exprès.

Lorsque le nombre des wagons annoncés par des avis du même jour est de plus de dix, le destinataire n'est tenu d'opérer dans la même journée que le déchargement de dix wagons; il y a un jour de plus pour le déchargement du surplus des wagons quel qu'en soit le nombre, à moins que l'expédition complète n'ait été faite à la demande de l'expéditeur ou du destinataire.

Passé les délais ci-dessus, les compagnies peuvent : où faire le déchargement et percevoir pour cette opération 30 centimes par tonne, sans préjudice des droits ordinaires de magasinage pour les marchandises déchargées ou laisser les marchandises sur les wagons, en percevant, à l'expiration des délais, un droit de stationnement de 10 francs par wagon et par vingt-quatre heures de retard, quelle que soit la contenance des wagons.

Dispositions communes.

Dans tous les cas, il n'est pas tenu compte des dimanches et jours fériés pour les délais de chargement des wagons et de réception de la lettre d'avis.

Il en est de même pour les délais de fourniture des wagons à l'expéditeur et de livraison au destinataire.

Article 2. — Le présent arrêté sera notifié aux compagnies de chemin de fer.

Il sera publié et affiché.

Les préfets, les fonctionnaires et agents du contrôle sont chargés d'en surveiller l'exécution.

Le Ministre des Travaux publics,
JONNART.

Obligations des expéditeurs.

DÉPART

Nous avons déjà dit qu'au départ le service de factage et de camionnage est facultatif pour les compagnies. Les expéditeurs doivent donc transporter leurs marchandises à la gare. Comme il n'est pas ou peu de règles sans exceptions, l'article 42 du nouveau cahier des charges dit que le transport sera fait jusqu'à la gare de départ par la compagnie :

1° en faveur des mines et usines importantes;

2° quand un embranchement les relie à la ligne principale.

Aux termes de l'article 49 des tarifs généraux, toute expédition, sauf pour les bagages, doit être accompagnée d'une feuille datée et signée indiquant :

1° le nom et l'adresse de l'expéditeur ;

2° le nom et l'adresse du destinataire ;

3° le nombre, le poids et la nature des colis à expédier, leurs numéros, marques ou adresses ;

4° la mention à domicile ou en gare selon que la marchandise devra ou non être camionnée (en l'absence de cette mention, la marchandise sera adressée à domicile dans les localités où il existe un service de factage) ;

5° la mention port dû ou port payé ;

6° la somme perçue ou à percevoir (en toute lettre).

Si les colis sont soumis aux contributions indirectes ou à la douane, l'expéditeur fournira tous les renseignements nécessaires pour éviter un retard ou un empêchement du transport.

L'expédition des finances, billets de banque, titres de rente, actions, obligations, coupons d'intérêts ou de dividende, dentelles, etc., seront ainsi faites :

« Chaque expédition devra être accompagnée de deux notes ou bulletins de remise, mentionnant, indépendamment des indications ordinaires, la valeur de l'article et portant un cachet à la cire ou au plomb conforme à celui apposé sur cet article.

« Les adresses ne devront être ni cousues ni collées, ni clouées afin qu'elles ne puissent dissimuler aucune trace d'issue refermée ou de fracture ; elles pourront être soit inscrites sur les colis, soit attachées à ces colis au moyen d'une ficelle.

« La déclaration de la valeur de l'article sera mentionnée dans l'adresse.

« Les initiales, légendes, armoiries, raisons sociales ou noms d'établissement, emprunts sur les cachets à la cire ou sur les plombs apposés sur les sacs, sacoches, groupes, boîtes, barils, caisses, paquets et notes de remise, devront être parfaitement lisibles et distincts. Les empreintes à grilles et celles des monnaies seront formellement exclues.

Au départ comme à l'arrivée, les compagnies ont le droit d'exiger l'ouverture des colis pour s'assurer de la nature de leur contenu.

Une fausse déclaration tombe sous l'application de l'article 21 de la loi de 1845 et expose son auteur à des dommages-intérêts.

Lorsque les marchandises faussement déclarées sont des matières explosibles, la peine peut être plus grave, sans compter qu'en cas d'accident les responsabilités sont à la charge de l'expéditeur coupable.

Les marchandises sujettes à détérioration et de peu de valeur ne sont généralement acceptées qu'en port payé et voyagent aux risques et périls de l'expéditeur, sauf toutefois quand la détérioration est le fait de la compagnie et résulte soit d'une négligence, d'une imprudence ou d'un manque de soins mais à charge de preuves de la part de l'expéditeur. En port payé et contre remboursement, l'expéditeur est à couvert.

La réception des objets transportés et le payement du prix de transport éteignent toute action contre le voiturier en vertu de l'article 105 du code de commerce. Nous reviendrons sur cette importante question dans un chapitre suivant.

Obligations des destinataires.

ARRIVÉE

La marchandise est arrivée en gare de destination et mise à la disposition du destinataire. Celui-ci est-il obligé d'en prendre livraison ? Evidemment non. Il est toujours libre pour un motif quelconque de la refuser.

Que se passe-t-il alors et comment la compagnie disposera-t-elle de la marchandise ? L'article 106 du Code de commerce nous le dit : En cas de refus ou de contestation pour la réception des objets transportés, leur état est vérifié et constaté par des experts commis par le président du Tribunal de commerce, ou, à son défaut, par le juge de paix et par ordonnance au pied d'une requête.— Le dépôt ou sequestre et ensuite le transport dans un dépôt public peuvent en être ordonnés.— La vente peut en être ordonnée en faveur du voiturier jusqu'à concurrence du prix de la voiture.

La compagnie doit aviser aussitôt l'expéditeur du refus d'acceptation qui s'est produit pour lui demander ses ordres au sujet de la destination nouvelle qu'elle doit donner à la marchandise refusée.

L'expéditeur a le devoir de s'enquérir des causes du refus, des motifs invoqués et selon le cas il en fera effectuer le retour ou le dépôt dans un magasin public. Seul il est responsable du paiement des frais d'expédition, de retour ou de magasinage, sauf son recours contre le destinataire ou la compagnie.

En effet, si le refus est injuste et mal fondé, le destinataire doit en subir les conséquences dommageables ou non dommageables. La faute reste à la charge et son auteur.

Mais la faute peut provenir du fait de la compagnie si par exemple la marchandise a été détériorée et présentée en mauvais état.

L'expéditeur alors agira contre elle et lui en fera supporter les conséquences.

En tous cas, les frais de magasinage occasionnés par le refus ne courent qu'à partir de la mise en demeure de l'expéditeur de retirer la marchandise, s'il néglige de le faire.

Si la marchandise était livrable en gare, le destinataire dûment avisé n'est pas venu s'expliquer en temps convenable, il donne contre lui recours à l'expéditeur pour le remboursement des frais qui résultent de sa négligence.

Le destinataire, outre l'obligation dans laquelle il se trouve de retirer la marchandise livrable en gare ou de la refuser dans le délai précédemment indiqué, doit, s'il prend livraison, émarger un registre de sortie et payer la lettre de voiture.

Mais en vertu de l'article 105 du Code de commerce ainsi conçu : — La réception des objets transportés et le paiement du prix de la voiture éteignent toute action contre le voiturier — le destinataire doit donc, avant de payer, procéder à la vérification des marchandises. Sans cela le refus deviendrait dérisoire et dangereux pour lui.

Pourtant, quand les objets sont livrables à domicile, la livraison doit se faire immédiatement, elle peut avoir lieu pendant l'absence du destinataire sans compter que, même en gare, cette vérification souvent est longue et difficile.

La responsabilité de la compagnie [devient alors illusoire. Une loi du 11 avril 1888 répond à ses craintes en permettant aux réclamations de se produire dans les trois jours qui suivent la réception des colis et le paiement du prix de transport.

Cependant on s'accorde pour maintenir la solution qui avait prévalu antérieurement à la modification de l'article 105. Il subsiste en effet un grand intérêt pour le destinataire à faire constater une avarie avant de prendre livraison des marchandises afin d'établir clairement la responsabilité des chemins de fer.

Lorsque la livraison a lieu en gare, le destinataire signe le registre de sortie et paye la lettre de voiture comme pour la remise à domicile, mais il reçoit en échange une feuille ou bon de livraison qu'il lui faut remettre au préposé en quittant la gare. C'est avant la remise de cette feuille qu'il devra procéder à la vérification de ses marchandises sous les yeux des employés.

Le voiturier a privilège sur la marchandise transportée tant qu'il ne s'en est pas dessaisi.

Obligations des Compagnies.

DÉPART

Les compagnies sont tenues d'accepter toutes les marchandises qu'on leur présente, sauf les exceptions suivantes :

1° Lorsque les marchandises ont plus de 6^m50 de longueur ;

2° Pour une masse indivisible de sa nature ou composée d'objets réunis en un tout pesant plus de 10.000 kilogrammes ;

Les masses indivisibles de 5 à 10.000 kilogrammes paient double taxe ;

3° Lorsqu'il s'agit d'une expédition grevée de remboursement, mais il ne se produit jamais de refus, les compagnies ayant intérêt à opérer le remboursement;

4° Lorsque les choses sont sans valeur et sujettes à un dépérissement rapide. Cependant, dans les conditions d'application les tarifs généraux subordonnent le refus au cas où l'expéditeur refuserait d'expédier en port payé ;

5° Pour les marchandises soumises aux droits de douane ou de contributions indirectes lorsque l'expéditeur ne veut pas se conformer aux mesures prescrites pour permettre la libre circulation telles que la remise des congés, passavants, acquits-à-caution. Ces pièces indiquent le temps pendant la durée duquel les marchandises doivent être transportées;

6° Au cas de défaut ou défectuosité d'emballage et de trace apparente de détérioration.

L'article 48 des tarifs généraux de la grande vitesse porte : « La Compagnie n'est pas tenue d'accepter non emballées des marchandises que le commerce est dans l'usage d'emballer.

Elle n'est pas tenue non plus d'accepter les marchandises dans un emballage défectueux, ni celles qui présentent une trace évidente de détérioration. »

Pour la petite vitesse l'article 40 des tarifs généraux dit : « Les marchandises susceptibles de se confondre avec d'autres de même nature ou dont le contact pourrait être nuisible, telles que les pommes de terres, la houille, le soufre, les carreaux de terre cuite, les briques réfractaires, etc., ne seront transportées en vrac que par wagon complet. »

Dans l'application, il est rare que les compagnies refusent le transport si, pour un emballage défectueux ou une détérioration apparente, l'expéditeur les couvre d'une garantie indiquant clairement la défectuosité d'emballage ou la détérioration.

Quant aux marchandises transportées en vrac le droit de refus n'existe qu'au cas où l'expéditeur refuse de payer le wagon complet alors même que la quantité de marchandise est insuffisante pour la remplir;

7° En cas de force majeure.

Le cas de force majeure ne saurait être contesté mais la difficulté consiste à déterminer les conditions qui peuvent le faire admettre.

Nous pouvons citer comme exemples de force majeure : l'occupation du territoire par l'ennemi ; l'affectation du matériel au transport des troupes ; une inondation, etc.

En dehors des exceptions précitées, la Compagnie doit accepter toutes les marchandises qui lui sont remises et les transporter sous sa responsabilité.

Le changement de réseau ne la libère pas de cette responsabilité qui s'étend jusqu'à la gare de destination.

C'est donc contre elle que l'expéditeur aura recours en cas de perte ou d'avarie dommageable.

L'article 47 du nouveau cahier des charges dispose :

Les prix de transport déterminés au tarif ne sont point applicables....

En général à tous paquets, colis et excédents de bagages pesant isolément 40 kilogrammes et au-dessous.

Toutefois les prix de transport déterminés au tarif sont applicables à tous paquets ou colis, quoique emballés à part s'ils font partie d'envois pesant ensemble plus de 40 kilogrammes d'objets envoyés par une même personne à une même personne.

Il en sera de même pour les excédents de bagages qui pèseraient ensemble ou isolément plus de 40 kilogrammes.

Le bénéfice de la disposition énoncée dans le paragraphe précédent en ce qui concerne les paquets ou colis ne peut être invoqué par les entrepreneurs de messagerie, de roulage et autres intermédiaires de transport à moins que les articles par eux envoyés ne soient réunis en un seul colis.

Il a été jugé que, pour les entrepreneurs de roulage et les commissionnaires, les colis doivent être remis *sous enveloppe et sous corde*. La réunion sous corde seulement ne serait pas suffisante.

D'après les tarifs, les objets étant groupés en séries, quelle est la taxe que, pour des objets de séries différentes réunis en paquet, les compagnies percevront ?

L'article 6 du tarif de la petite vitesse le dit : « Tout paquet ou colis pesant plus de 40 kilogrammes, et contenant des marchandises de séries différentes, est taxé d'après le prix de la série la plus élevée, à moins que l'expéditeur ne justifie de la nature et du poids des objets transportés ; auquel cas les marchandises sont taxées séparément suivant la série à laquelle elles appartiennent. »

Les objets taxés au poids et *ad valorem* ne peuvent faire l'objet d'un groupage et la compagnie a droit à la vérification des colis.

Les objets confiés à la compagnie doivent être enregistrés à leur arrivée en gare.

La preuve de la remise résulte en faveur de l'expéditeur contre la compagnie du récépissé qu'elle doit lui donner et qui contient :

La nature, le poids, la désignation des colis ;

Le nom et l'adresse du destinataire ;

Le prix total du transport ;

Le délai dans lequel le transport doit être effectué.

Le prix indiqué sur le récépissé est celui dû jusqu'à destination définitive et le délai de transport varie selon qu'il s'agit d'une expédition en grande ou en petite vitesse.

Les objets expédiés en *grande vitesse* doivent être mis en route par le premier train de voyageurs comprenant des voitures de toutes classes, pourvu qu'ils aient été présentés à l'enregistrement trois heures avant le départ de ce train, faute de quoi ils sont remis au départ suivant. La remise au destinataire doit avoir lieu deux heures après l'arrivée du train sauf pour les trains de nuit. Cependant les denrées devant servir à l'alimentation, dans les centres importants, doivent être remises de nuit comme de jour 2 heures après l'arrivée. Dans l'espèce, remise signifie mise à la disposition du destinataire en gare, la compagnie étant dans l'impossibilité de transporter à domicile en si peu de temps les marchandises arrivées.

Délai de transmission d'un réseau à l'autre.—Lorsqu'il y a une gare commune, le délai est de 3 heures à compter de l'arrivée du train qui apporte les marchandises et de 6 heures quand les gares sont distinctes et en communication par rails.

Les compagnies ont droit à la totalité des délais et peuvent les utiliser comme il leur plaît.

Ils sont fixés par les arrêtés ministériels qui les concernent ainsi qu'il suit :

Art. 6. — Les animaux, denrées, marchandises et objets quelconques, à petite vitesse, seront expédiés dans le jour qui suivra celui de la remise.

Art. 7. — La durée du trajet, pour les transports à petite vitesse, sera calculée en raison de vingt-quatre heures par fraction indivisible de 125 kilomètres.

Ne seront pas comptés les excédents de distances jusques et y compris 25 kilomètres. Ainsi 150 kilomètres compteront comme 125, 275 comme 250, etc.

Art. 8. — Sur les lignes ou sections de réseau désignées à la suite du présent paragraphe et dans les deux sens, tant pour les parcours partiels que pour le parcours total, *la durée du trajet sera réduite à vingt-quatre heures par fraction indivisible de 200 kilomètres* pour les animaux, ainsi que pour les marchandises taxées au prix de la première et de la deuxième série des tarifs généraux de chaque compagnie, et, en général, pour toutes les marchandises, denrées et objets quelconques qui, rangés dans les séries inférieures, seraient taxés au prix de la 2e série sur la demande des expéditeurs.

Réseau du Nord

Ligne de Paris à Boulogne.
— — à Calais.
— — à Dunkerque.
— — à Lille et Moserah.
— — à Lille et Baizieux.
— — à Valenciennes ou Quévrain.
— — à Erqueline.
— — à Cambrai et à Sornain.
— — à Arras, à Béthune et à Hazebrouck.
— de Rouen à Lille.

Réseau de l'Est

Ligne de Paris à Igny-Avricourt.
— — à Pagny-sur-Moselle.
— — à Belfort.
— — à Givet.
— de Laon à Gray.
— de Givet à Nancy.

Réseau de l'Ouest

Ligne de Paris au Havre.
—   —   à   Cherbourg.
—   —   à   Brest.
—   —   à   Granville.
—   —   à   Dieppe par Pontoise.

Réseau d'Orléans

Ligne de Paris à Bordeaux (Bastide, St-Jean
au transit).
Ligne de Paris à Agen.
—   —   à La Rochelle et à Rochefort.
—   —   à Saincaize.
—   —   à Nantes et Saint-Nazaire.
—   —   à Toulouse.
—   —   à Montluçon.
—   du Mans à Bordeaux.
—   —   à Saincaize.
—   —   à Gannat.
— de Nantes à Saincaize
—   —   à Gannat.
—de Bordeaux à Gannat.
—   —   à Toulouse, Périgueux.

Réseau de Paris à Lyon et à la Méditerranée

Ligne de Paris à   Marseille et à Nice.
—   —   à   Nîmes par Clermont.
—   —   de St-Germain-des-Fossés.
—   —   de Lyon à Tarare.
—   —   de Paris à Genève.
—   —   à   Modane.
—   —   à   Belfort.
—de Tarascon à Cette.

Réseau du Midi

Ligne de Bordeaux (Bastide ou St-Jean) à Cette.

Réseau de la Vendée

Ligne de Tours aux Sables-d'Olonne.

Réseau d'Orléans à Châlons

Ligne d'Orléans à Châlons-sur-Marne.
Les animaux et les marchandises taxés comme il est dit

2

ci-dessus, passant *directement* sur un même réseau, d'une des lignes précipitées sur une autre de ces mêmes lignes, seront également transportés dans le délai de 24 heures par fraction indivisible de 200 kilomètres, comme si le transport avait lieu sur une seule et même ligne.

Pour les animaux et les marchandises qui emprunteraient successivement des lignes sur lesquelles ils auraient droit à l'accélération de vitesse et d'autre sur lesquelles ils n'y auraient pas droit, le délai total du transport sera calculé en additionnant les délais partiels adhérents à chacune des lignes de régime différent, sans que, toutefois, ce délai total puisse dépasser le délai fixé par l'article 7.

Art. 9. — Pour les animaux, denrées, marchandises et objets quelconques passant d'un réseau sur un autre, *par une gare commune*, le délai d'expédition fixé à l'art. 6 ne sera compté qu'à la gare originaire et une seule fois; mais il est accordé aux compagnies un jour de délai pour la transmission d'un réseau à l'autre, la durée du trajet pour chaque compagnie restant fixée comme il est dit aux articles 7 et 8.

Le délai de transmission entre les réseaux aboutissant à une même localité, *dans deux gares distinctes en communication par rails*, sera de deux jours, le surplus des conditions énoncées au § 1er du présent article restant applicable dans ce dernier cas.

Toutefois, à Paris, pour la transmission d'une gare à l'autre par le chemin de fer de ceinture, le délai de deux jours comprendra la durée du trajet sur ledit chemin.

Un délai plus long pourra être accordé par le ministre des Travaux publics pour les diverses gares de chaque réseau; sur la proposition des inspecteurs généraux du contrôle, les compagnies entendues, sans pouvoir toutefois dépasser le maximum de trois jours.

Art. 10. — Les expéditions seront mises à la disposition des destinataires dans le jour qui suivra celui de leur arrivée effective en gare.

Art. 11. — Le délai total résultant des articles 6, 7, 8, 9 et 10 sera obligatoire pour les compagnies.

Art. 12. — La fixation des délais ci-dessus déterminés pour les transports à petite vitesse effectués aux prix et conditions des tarifs généraux ne fait point obstacle à la fixation de délais plus longs dans les tarifs spéciaux ou communs où ils ont été ou seraient ultérieurement introduits, avec l'approbation de l'administration supérieure comme compensation d'une réduction de prix.

Art. 13. — Du 1er avril au 30 septembre, les gares seront ouvertes pour la réception ou la livraison des marchandises à petite vitesse, à 6 heures du matin, au plus tard, et fermées, au plus tôt, à 6 heures du soir.

Du 1er octobre au 31 mars. elles seront ouvertes à 7 heures du matin, au plus tard, et fermées au plus tôt à 5 heures du soir. Par exception, les dimanches et jours fériés, les gares de marchandises à petite vitesse seront fermées à midi, et les livraisons restant à faire avant la fin de la journée seront remises à la première moitié du jour suivant.

Dans ce dernier cas, le délai fixé pour la perception du droit de magasinage, de stationnement et de fourrière, soit par les tarifs généraux, soit par les tarifs spéciaux ou communs homologués par l'administration supérieure, sera augmenté de tout le temps compris entre l'heure de midi et l'heure réglée aux §§ 1 et 2 du présent article pour la fermeture des gares.

Art. 14. — *Aux détails fixés ci-dessus pour la P. V. seront ajoutés les délais nécessaires par l'accomplissement des formalités de douane.*

Responsabilité des compagnies.

D'une manière générale, les compagnies sont responsables des marchandises qu'on leur confie quel que soit le mode de transport choisi par l'expéditeur à moins qu'il ne soit la cause unique de l'avarie. Cependant, si elle avait pu être prévenue par quelques soins indiqués par les circonstances, la compagnie est responsable.

Il a été jugé pour la responsabilité de la compagnie dans les espèces suivantes :

— maïs voyageant en wagon découvert et mouillé en route (Paris, 27 novembre 1872).

— sacs d'avoine mouillés et placés pendant le voyage pêle-mêle avec des sacs en bon état (Dall., 83, 1, 14).

— caisses de sucre exposées à la pluie sur un sol humide.

Décision de la Cour de cassation du 29 février 1892.

La Cour,

Attendu que l'arrêt attaqué, rendu par la cour d'appel d'Aix, le 13 décembre 1889, constate en fait que les balles de charbon de bois expédiées, le 4 avril 1889, par l'entremise de la compagnie Paris-Lyon-Méditerranée, de Papin (Basses-Alpes), au sieur Paul, à Marseille, sous les conditions du tarif spécial P. V. nº 8, sont arrivées à destination en partie avariées, en cours de route, par mouillure résultant de la pluie, et que la compagnie a reconnu que le transport avait été effectué sur des wagons découverts et non bâchés.

Attendu que si la clause de non-garantie a pour effet de mettre à la charge du demandeur la preuve des fautes de la compagnie cette clause n'affranchit point la compagnie de la responsabilité qui lui incombe lorsque la preuve est faite contre elle;...
que dès lors le bâchage des wagons recouverts, lorsqu'il est nécessaire pour assurer la conservation de la chose transportée, rentre dans les soins généraux imposés au transporteur, et que, d'autre part, il n'est point incompatible avec les nécessités du service;

D'où il suit que l'arrêt attaqué, après avoir souverainement déclaré qu'à raison de l'état de l'atmosphère le bâchage des charbons de bois dont il s'agit au procès était nécessaire pour les garantir de la mouille en cours de route, et rentrait, par suite, dans les soins d'un bon père de famille, a pu, sans violer aucun texte de loi ni méconnaître le sens et la portée du tarif P. V. n° 8, décider que l'avarie qui a motivé la demande provenait de la faute de la compagnie et condamner celle-ci à la réparation du préjudice qui en a été la conséquence;

Par ces motifs, rejette.

Cependant des soins excessifs, incompatibles avec les nécessités du service de transport, ne sauraient être exigés et les avaries résultant soit du vice propre de la chose soit de tout autre cause inévitable n'engagent pas la responsabilité de la compagnie.

Arrêt de la Cour de cassation du 9 décembre 1891.

La Cour:

Sur le moyen unique du pourvoi :

Vu les art. 103, § 2, du Code de commerce et 1382 du Code civil :

Attendu que si, en principe, le voiturier est responsable des pertes ou avaries survenues pendant le transport, cette responsabilité cesse lorsqu'il est établi qu'elles proviennent du vice propre de la chose où du cas fortuit ;

Attendu que, dans l'espèce, il a été établi, par une expertise dont la régularité n'a pas été constestée, que le fût, objet du litige, ne présentait à l'arrivée à destination aucune trace de choc ou de frottement, que le coulage avait eu pour cause le mauvais état de ce fût fabriqué avec un bois poreux, impropre à conserver des liqueurs et avec des douves dont les joints étaient mal garnis ;

Attendu que le jugement n'a pas contredit des constatations à l'expertise, mais a cependant déclaré la compagnie responsable du coulage envers l'expéditeur, sous le prétexte que l'expertise n'était point opposable à celui-ci, qui avait remis en gare le colis en bon état, puisqu'on l'avait reçu sans observations ni réserves, et que, d'ailleurs, la compagnie était tenue de donner tous ses soins aux marchandises qui lui sont confiées, et au besoin de faire opérer en cours de route le rebattage des cercles ;

Mais attendu que la réception du colis par le voiturier, sans observations ni réserves de sa part, ne lui enlève pas le droit de prouver que l'avarie ou la perte ont eu pour cause le vice propre de la chose expédiée ; que les compagnies de chemins de fer ne sont tenues de donner aux marchandises qui leur sont confiées que les soins ordinaires et compatibles avec les nécessités de leur service réglementaire, que de là ne peut résulter contre elles, au moins en principe et d'une manière absolue, l'obligation de réparer en cours de route le vice propre de l'expédition.

Responsabilité vis-à-vis des expéditeurs.

En qualité de voituriers, les compagnies répondent de la perte ou de l'avarie, et du retard dans la remise au destinataire.

L'action de l'expéditeur contre la compagnie est ouverte, en cas de perte, le jour où la marchandise aurait dû être livrée, et pour cause de retard le jour où elle aura été remise ou offerte au destinataire. Voir chapitre, Prescription. Le simple fait d'un retard ne peut donner lieu à une action en dommages-intérêts, qu'autant que le destinataire justifie d'un préjudice dont l'appréciation est laissée aux tribunaux. Il n'y a retard qu'après que tous les délais réglementaires ont été épuisés de quelque façon que se soit opéré le voyage. La Compagnie est obligée de rembourser la valeur des objets perdus *d'après la déclaration de l'expéditeur* et de l'indemniser du préjudice résulté de la perte (art. 1149 C. c.). Quant au coulage, creux de route et à la dessiccation de certaines marchandises, la compagnie n'est responsable qu'au-delà certaines limites déterminées au sujet desquelles les tribunaux ont un pouvoir souverain d'appréciation.

Les compagnies ont dressé des tableaux donnant la nomenclature des marchandises de cette catégorie et les chiffres de déficit que l'usage a consacrés mais qui ne lient en rien les tribunaux.

Le creux de route accordé pour les liquides est de 2 p. 100 pour 200 kilomètres et de 1 p. 100 par cent kilomètres en sus.

Tableau des déchets de route pour coulage, tamisage et dessiccation.

Dressé d'après les bases fixées par la jurisprudence des tribunaux et les avis des Chambres de commerce.

Déchets par le coulage.

	Parcours de 200 kil. et au-dessous	Parcours au delà de 200 kil.	Avec un maximum de
Eaux-de-vie.........	2 0/0	1 0/0 par 100 kil.	5 0/0 en été.
Bières, cidres, boissons............	—	—	
Vins, vinaigres en fûts.............	—	—	4 0/0 en hiver.
Huiles.............	—	—	6 0/0 en été.
Essences..........	1 0/0	—	4 0/0 en hiver.
Mélasse et miel....	—	—	5 0/0 en été.
Suif, saindoux.....	—	—	4 0/0 en hiver.
Graisses	—	—	4 0/0 en été.
Vins et liqueurs...	—	—	
Goudrons..........	—	—	3 0/0 en hiver.

Déchets par la dessiccation.

	Parcours de 200 kil. et au-dessous	Parcours au delà de 200 kil.	Avec un maximum de
Bois de teinture et filé..............	2 0/0	—	
Racine bois de réglisse...........	—	—	4 0/0 en été.
Eponge, liège......	—	—	3 0/0 en hiver.
Chiffons en balles..	—	—	
Cornes............	—	—	
Avoines...........	—	1 0/0 par 200 kil.	
Graines fourragères et oléagineuses..	—	—	4 0/0 en été.
Houblons	—	—	
Chanvres bruts....	—	—	
Sucres bruts......	—	—	
Laines............	—	—	3 0/0 en hiver.
Salpêtres.	—	—	
Gommes...........	—	—	

	Parcours de 200 kil. et au-dessous	Parcours au delà de 200 kil.	Avec un maximum de
Blé, orge, seigle...	1 0/0	1 0/0 par 100 kil.	
Riz, sagou........	—	—	
Graines fourr., etc.	—	—	
Oléagineuses en double sac......	—	—	
Fécules, farines....	—	—	
Légumes secs.....	—	—	
Résinés solides....	—	—	2 0/0 en été.
Epicerie, droguerie.	—	.	
Chicorée en tonneaux..........	—	—	3 0/0 en hiver.
Vergeoises........	—	—	
Coton en balles...	—	—	
Ferraille, fonte brute, vieux plomb..	—	—	
Nacre de perle en coquille brute...	—	—	

Déchets spéciaux.

Sel marin..........	1 0/0	Océan 5 0/0 par 250 kil.
Sel gemme et indigène	1 0/0	Méditerranée 3 0/0 par 220 kil.
Marrons, châtaignes..	1 0/0	1 0/0 par 200 kil.
Houilles............	2 0/0	par 2 jours avec un maximum de 6 0/0.
Coke..............	5 0/0	Quelle que soit la distance parcourue.

Arrêt de la cour, relatif aux manquants, creux de route.

Attendu que Roubaud a fait assigner la compagnie des chemins de fer régionaux des Bouches-du-Rhône, aux fins de s'entendre condamner à lui payer : 1° la somme de 83 fr. 60 c., montant de manquants et avaries constatés et des frais de transports de la marchandise non livrée ; 2° celle de 100 francs à titre de dommages-intérêts ;

Attendu qu'il est constant que la compagnie des Bouches-du-Rhône a transporté du Pas-de-Lancier-Transit à Martigues 10 demi-muids vin rouge pesant ensemble 6.580 kilogrammes, expédiés de Marseille au Pas-de-Lancier par la compagnie de Lyon ;

Attendu qu'il résulte des faits de la cause et des documents versés aux débats que l'expédition dont s'agit a été faite aux conditions du tarif spécial le plus réduit: que l'envoi est parti régulièrement de Marseille-Prado le 11 septembre dernier ; que, le 12 du même mois, la transmission s'est effectuée au chemin de fer des Bouches-du-Rhône ; que, lors de cette transmission, il a été reconnu que les dix fûts [transportés ne pesaient plus que 6.543 kilogrammes, qui constituait à ce moment un déchet de 37 kilogrammes ;

Attendu qu'il résulte d'une jurisprudence constante que cette différence de poids, ne dépassant pas la tolérance admise en faveur des chemins de fer comme déchet normal de route dans le transport des liquides, ne peut être sérieusement prise en considération ;

Attendu qu'à l'arrivée des fûts à Martigues le sieur Roubaud a refusé de les recevoir pour cause d'avaries ; qu'en l'état de ce refus, une expertise judiciaire a été provoquée ; que l'expertise, régulière en forme, s'est bornée à constater un manquant total de 187 litres, sans expliquer la base de cette constatation, et qu'en l'absence de tout document corrélatif, précisant la contenance, le pesage des fûts eût été le seul contrôle possible et concluant, et qu'il n'y a pas été procédé ;

Attendu, en somme, que le défendeur doit justifier sa demande, et que cette justification fait absolument défaut :

Par ces motifs,

Déboute Roubaud de sa demande, etc.

Avaries et pertes partielles.

L'ancien article 105 du Code de commerce, avant les modifications apportées par la loi du 11 avril 1888, subordonnait, en cas d'avarie ou de perte partielle, l'action du destinataire au paiement de la lettre de voiture.

Nous avons précédemment indiqué le tempérament apporté à cette prescription par la loi de 1888.

Comment se compte le délai de trois jours non compris les jours fériés, à savoir : tous les dimanches, le premier janvier, le lundi de Pâques, l'Ascension, le lundi de Pentecôte, le 14 juillet, l'Assomption, la Toussaint et le jour de Noël.

La marchandise étant livrée par exemple le samedi 10 juillet, on ne comptera pas le dimanche 11 ni le mercredi 14 et le délai comprendra le lundi 12 et le mardi 13 et le jeudi 15 juillet.

L'action en responsabilité intentée par le destinataire ne pourrait cependant pas être rejetée après l'expiration du déjai de trois jours si dans ce délai elle n'a pu être intentée par la faute de la compagnie.

L'avantage pour le destinataire de vérifier la marchandise en présence des employés du chemin de fer consiste dans ce que la preuve d'un cas de force majeure ou d'un vice propre de la chose incombe à la compagnie pour couvrir sa responsabilité, tandis que si la réclamation ne se produit que dans les trois jours de la livraison, le destinataire doit préalablement prouver que l'avarie ou la perte partielle est survenue au cours de voyage ou tout au moins avant la livraison et ensuite qu'elles proviennent en fait et de la faute du voiturier.

Dans le premier cas, si la marchandise voyage aux conditions des tarifs généraux sans bulletin de garantie, c'est au transporteur à faire la preuve qu'il n'y a pas eu faute de sa part tandis que la preuve du contraire incombe au destinataire si la compagnie s'est couverte par une garantie.

A l'arrivée le destinataire doit exiger de la compagnie une constatation écrite très explicite et conçue en termes précis détaillant l'importance de l'avarie, la quantité de la perte avec reconnaissance que l'un ou l'autre sont le fait du transporteur :

Ex. *Constaté à la livraison fut n°... deux peignes cassés, etc., vidanges de..... avaries du fait du transporteur.*

Le bulletin de garantie qu'exigent les compagnies pour le transport de certaines marchandises dans des conditions déterminées n'a donc pas pour effet de les exonérer de toute responsabilité, mais de mettre à la charge du destinataire ou de l'expéditeur la preuve de la faute commise et de la relation de cette faute avec le dommage causé.

Suivent les articles 103 à 107 du Code de commerce sur la responsabilité des voituriers.

Art. 103. — Le voiturier est garant de la perte des objets à transporter, hors le cas de force majeure. Il est garant des avaries autres que celles qui proviennent du vice propre de la chose ou de la force majeure.

Art. 104. — Si, par l'effet de la force majeure, le transport n'est pas effectué dans le délai convenu, il n'y a pas lieu à indemnité contre le voiturier pour cause de retard.

Art. 105. — La réception des objets transportés et le paiement du prix de voiture éteignent toute action contre le

— 34 —

voiturier pour avarie ou perte partielle, si, *dans les trois jours,* non compris les jours fériés, qui suivent celui de cette réception et de ce paiement, le destinataire n'a pas notifié au voiturier, par un acte extra-judiciaire ou par lettre recommandée, sa protestation motivée.

Toutes stipulations contraires sont nulles et de nul effet. Cette dernière disposition n'est pas applicable aux transports internationaux.

Art. 106. — En cas de refus ou contestation pour la réception des objets transportés, leur état est vérifié et constaté par des experts nommés par le président du Tribunal de commerce ou, à son défaut, par le juge de paix et par ordonnance au pied d'une requête. Le dépôt ou séquestre, et ensuite le transport dans un dépôt public, peut en être ordonné.

La vente peut en être ordonnée en faveur du voiturier jusqu'à concurrence du prix de la voiture.

Art. 107. — Les dispositions contenues dans le présent titre sont communes aux maîtres de bateaux, entrepreneurs de diligences et voitures publiques.

Prescription.

Article 108 du Code de commerce modifié par la loi du 11 avril 1888.

Art. 108. — Les actions pour avaries, pertes ou retard, auxquelles peut donner lieu contre le voiturier le contrat de transport, sont prescrites dans le délai d'un an sans préjudice des cas de fraude ou d'infidélité.

Toutes les autres actions auxquelles ce contrat peut donner lieu, tant contre le voiturier ou le commissionnaire que contre l'expéditeur ou le destinaire, aussi bien que celles qui naissent de l'article 541 du Code de procédure civile (ayant trait à la révision de compte en cas d'omission et de fraude) sont prescrites dans le délai de cinq ans.

Le délai de ces prescriptions est compté dans le cas de perte totale, du jour où la remise de la marchandise aurait dû être effectuée, et, dans tous les cas, du jour où la marchandise aura été remise ou offerte au destinataire.

Le délai pour intenter chaque action récursoire est d'un mois. Cette prescription ne court que du jour de l'exercice de l'action contre le garant.

Dans le cas de transports faits pour le compte de l'État, la prescription ne commence à courir que du jour de la notification de la décision ministérielle emportant liquidation ou ordonnancement définitif.

On appelle action récursoire l'action par laquelle une

compagnie assignée par un expéditeur ou un destinataire assigne à son tour la compagnie intermédiaire qui lui a remis les marchandises, laquelle assigne à son tour la compagnie de qui elle les tient et ainsi de suite jusqu'au point de départ. Le délai qu'ont les compagnies pour intenter cette action est d'un mois chacune.

Le destinataire a droit d'intenter son action contre telle compagnie qu'il lui plaît.

Transport des voyageurs.

Les compagnies doivent fournir aux voyageurs les moyens de communication dont ils ont besoin.

Les convois ordinaires doivent donc comprendre trois classes de voitures en nombre suffisant pour recevoir tous les voyageurs qui désirent partir sans qu'il soit permis aux compagnies de faire monter un voyageur dans une voiture de classe supérieure à celle indiquée par son billet même sans exiger de supplément.

Elles doivent délivrer tous les billets qu'on leur demande avant l'heure de fermeture.

Les guichets pour la délivrance des billets sont ouverts 15 minutes pour les petites gares et 30 minutes pour les grandes avant l'heure du départ et peuvent être fermés 5 minutes avant ce même départ.

Le train doit partir à l'heure réglementaire, mais un retard ne met la compagnie en défaut qu'autant qu'il fait manquer une correspondance; elle est alors passible de dommages-intérêts proportionnés aux préjudices causés dont les voyageurs doivent justifier. Cependant si le retard est causé par un cas de force majeure, la compagnie n'aurait aucune responsabilité. (Cassation, 10 février 1868.)

Lorsque les voitures sont presque garnies, plusieurs voyageurs ne sauraient prétendre obliger la compagnie à leur donner un compartiment spécial sous prétexte qu'ils ne veulent pas se séparer ; chacun doit monter où il y a de la place.

Toute personne qui voyage sans être munie d'un bille s'expose, en outre de l'amende, à payer le prix du parcours depuis la tête de ligne jusqu'à la gare d'arrivée.

Voyager sans billet ; continuer sa marche après l'expiration de celui que l'on s'est fait délivrer ou bien le falsifier, emprunter ou acheter le coupon d'un billet de retour, faire usage sous un faux nom, sous de fausses qualités, d'un permis de circuler, constituent des contraventions réprimées par l'article 21 de la loi de 1845 et exposent leurs auteurs à une amende de 16 à 3.000 francs.

Cependant, l'usage du coupon d'un billet périmé n'encourt les sévérités de l'article 21 de la loi de 1845 que si le voyageur refuse de payer place entière pour le retour.

Cet article de la même loi punit également le fait d'emprunter à des étrangers effectuant le même parcours leurs billets pour s'assurer le transport gratuit d'un excédent de bagages.

La doctrine approuve cependant la réunion des billets dans le même enregistrement pour les bagages appartenant à une même famille ou d'une même compagnie.

Responsabilité des compagnies vis-à-vis des voyageurs.

Les compagnies doivent veiller à la sécurité des voyageurs et sont responsables des accidents qui peuvent leur arriver par le fait du transport.

Un voyageur blessé en chemin de fer a le droit, quel que soit l'auteur de la blessure, de s'adresser à la compagnie pour lui demander réparation du préjudice causé, sauf cependant si l'accident est le fait exclusif du voyageur lui-même.

— Jugement du tribunal de la Seine, 9 janvier 1867 : un conducteur de train ayant blessé un voyageur en refermant violemment la portière.

L'accident est-il arrivé dans l'intérieur des gares que la compagnie est responsable s'il résulte d'un manque de surveillance ou du fait des employés (1).

(1) Dans tous les cas, le voyageur fera bien, pour justifier ses réclamations, de s'assurer le témoignage des personnes présentes au moment de l'accident ou susceptibles de les rendre légitimes.

BAGAGES.

Tout voyageur doit être admis à présenter comme bagages les objets, quels qu'ils soient, qu'il lui convient de faire transporter avec lui, et à revendiquer le bénéfice de la gratuité jusqu'à concurrence de 30 kilos.

Un voyageur peut mettre dans sa malle les vêtements à son usage personnel et les bijoux en rapport avec sa situation de fortune, sans être obligé de faire de ces vêtements et de ces bijoux une déclaration à la compagnie ; mais il commet une imprudence en plaçant dans la dite malle un billet de banque et de l'or, de sorte qu'en cas de perte de cette malle la compagnie ne peut être tenue de lui restituer. Une compagnie peut, si elle le désire, vérifier le contenu des bagages d'un voyageur ou exiger de celui-ci une déclaration de ce contenu.

Le fait pour un voyageur d'emprunter à des étrangers effectuant le même parcours leurs billets de place, afin de s'assurer le transport gratuit de son excédent de bagages, constitue une contravention réprimée par l'art. 21 de la loi de 1845. Plusieurs condamnations ont du reste été prononcées en ce sens.

Le voyageur qui dépose à la consigne d'une gare une caisse qu'il ne réclame plus durant une dizaine de mois est mal fondé à venir ultérieurement en demander la valeur à la compagnie.

Une compagnie est responsable de la perte d'une malle laissée par un voyageur au dépôt des bagages, dans les conditions réglementaires.

L'action intentée par un voyageur à une compagnie à l'occasion de marchandises déposées par lui à la consigne du chemin de fer et non représentées doit être portée devant le juge de paix.

Au cas de perte d'une malle, une compagnie est responsable, vis-à-vis du voyageur dont la dite malle constitue le bagage, de la valeur de celle-ci et des effets d'habillement qu'elle renfermait. En outre, elle doit indemniser le voyageur du préjudice que cette perte lui a occasionnée, en raison de sa profession, ainsi que des frais supplémentaires qui ont été la conséquence de la perte ; mais toutefois la compagnie n'encourt aucune responsabilité au sujet *des papiers de valeurs* qu'aurait contenus la malle égarée s'ils n'ont été l'objet d'aucune déclaration.

En cas de perte des bagages d'un voyageur, et alors qu'il est généralement impossible d'arriver à une détermination rigoureusement exacte de la nature et de la valeur des objets perdus, les tribunaux ont le droit et le devoir de s'inspirer, pour cette détermination, de toutes les circonstances de la cause.

Une compagnie peut être régulièrement assignée à chacune de ses gares importantes en la personne du chef de gare. Le tribunal de commerce est compétent pour statuer sur ces demandes. Les compagnies sont tenues de recevoir et de faire suivre, par le même train, les bagages présentés par les voyageurs, lorsque la nature et les dimensions de ces bagages ne peuvent mettre obstacle à une prompte expédition.

Les compagnies sont obligées de faire suivre ces bagages et de les rendre à la gare d'arrivée pour qu'il puisse en disposer immédiatement. (Voir à ce sujet la circulaire ministérielle suivante, du 3 janvier 1890.)

Le Ministre des travaux publics aux administrateurs des compagnies de chemins de fer. — Service de la livraison des bagages.

Messieurs, M. le président de la Société de protection mutuelle des voyageurs de commerce m'a adressé une réclamation au sujet des lenteurs qui seraient apportées à la distribution des bagages, dans la plupart des gares, à l'arrivée des trains. Il fait observer notamment que les agents chargés de recevoir les bagages ne sont pas assez nombreux ; que les opérations de déchargement et de livraison des colis ne se font pas avec toute la célérité désirable, et qu'il en résulte des pertes de temps considérables, causant un réel préjudice tant aux voyageurs de commerce eux-mêmes qu'aux maisons qu'ils représentent.

J'appelle, Messieurs, d'une manière toute particulière, votre attention sur ces observations et je vous prie de prendre les mesures nécessaires pour assurer, dans toutes vos gares, la prompte distribution des bagages.

Veuillez, d'ailleurs, m'accuser réception de la présente communication et me faire connaître la suite que vous y aurez donnée.

Recevez, *etc*.

Il a été jugé par la Cour de cassation (24 octobre 1888) : que tout voyageur ayant payé sa place a droit de présenter comme bagages les objets qu'il lui convient de faire transporter avec lui.

Une compagnie est responsable du préjudice qu'elle a occasionné à un voyageur en ne lui remettant que tardivement ses bagages.

Lorsque les bagages sont égarés et ne lui sont remis qu'au bout d'un mois, par exemple, il a droit à des dommages-intérêts pour le préjudice qu'il a éprouvé, mais aucune disposition de loi ne l'autorise a laisser pour compte à la compagnie lesdits bagages.

Le voyageur qui parvient à s'emparer de sa malle à l'arrivée, sans remettre le bulletin de bagages y afférent, et qui, prétendant qu'elle a été perdue, s'est fait ou tenté de s'en faire rembourser la valeur, commet le délit d'escroquerie.

Il n'est interdit à personne de se faire délivrer les bagages d'un voyageur sur la représentation du bulletin correspondant ; un refus de délivrance à un entrepreneur de transports, par la compagnie, est une atteinte à la libre concurrence et engage la responsabilité de celle-ci.

Au cas de pertes de bagages (malle contenant tous les échantillons de marchandises qu'un voyageur de commerce venait vendre), l'indemnité à laquelle il a droit doit comprendre le bénéfice qu'il pouvait légitimement espérer de ses ventes à peu près assurées, et autres frais d'hôtel, etc.

Lorsque le bagage ou une partie du bagage appartenant à un voyageur a été perdu ou égaré, ou détérioré en cours de route, ce dernier fera sagement d'en avertir immédiatement le chef de gare et d'inscrire sa réclamation sur le registre à ce destiné. Si le voyageur ne s'apercevait pas de suite qu'un des colis de son bagage a été détérioré, il aurait, comme dans le cas de l'art. 105, dont il a été parlé au chapitre *Avaries*, trois jours pour faire sa réclamation.

Mais il se présentera alors une difficulté presque insurmontable, puisque le voyageur serait tenu de prouver que le colis détérioré est bien celui qui a voyagé ce jour-là avec lui, et que cette détérioration est le fait de la compagnie. — Coqueugniot, *Guide du commerçant pour les transports par chemins de fer*

Postes.

DÉCRET DU 27 JUILLET 1892 RELATIF A L'UNION POSTALE

Article premier. — Les taxes à percevoir en France, en Algérie et dans les bureaux français établis en Turquie, en Egypte, à Tripoli de Barbarie, au Maroc, à Zanzibar et à Shang-Haï, sur les correspondances (lettres, cartes postales simples et avec réponse payée, papiers d'affaires, échantillons de marchandises, journaux et autres imprimés) ordinaires ou recommandées, à destination des pays énumérés aux tableaux A et B, qui sont annexés au présent décret, seront perçues conformément aux tarifs fixés par les dits tableaux.

Art. 2. — Par exception aux dispositions de l'article 1er précédent, la taxe d'affranchissement à percevoir en France sur les lettres à destination de la Belgique, de l'Espagne et de la Suisse, sera réduite à 15 centimes par 15 grammes ou fraction de 15 grammes, lorsque la distance en ligne droite entre le bureau d'origine et le bureau de destination ne dépassera pas 30 kilomètres.

Art. 3. — Les correspondances déposées dans les bureaux de poste français établis en Turquie, en Egypte, au Maroc, à Zanzibar et à Shang-Haï, à destination de la France, de l'Algérie, de la Tunisie et de Tripoli de Barbarie, sont passibles des taxes d'affranchissement indiquées au tableau A annexé au présent décret.

Art. 4. — Les taxes applicables dans les colonies françaises aux correspondances à destination de la France, de l'Algérie, de la Tunisie, de Tripoli de Barbarie, des colonies ou établissements français et de tous les pays étrangers dénommés au tableau A, qui fait suite au présent décret, seront perçues conformément aux indications du tarif fixé par ledit tableau.

Art. 5. — Les lettres non affranchies de provenance extérieure seront taxées par 15 grammes ou fraction de 15 grammes, à raison de 50 centimes si elles sont originaires des pays dénommés au tableau A ci-joint, et à raison de 75 centimes si elles sont originaires des pays dénommés au tableau B également ci-joint.

Par exception, les lettres non affranchies provenant de Belgique, d'Espagne et de Suisse et circulant dans le rayon limitrophe, dont il est question à l'article 2 du présent décret, seront taxées à raison de 30 centimes par 15 grammes.

Les correspondances de toute nature, insuffisamment affranchies, seront passibles, à la charge des destinataires, d'une taxe double du montant de l'insuffisance d'après le tarif en vigueur dans le pays d'origine, mais sans que cette taxe complémentaire puisse dépasser la taxe applicable à une lettre non affranchie de même poids et de même origine.

Lorsque l'évaluation de la taxe à appliquer aux correspondances dont il s'agit fera ressortir une fraction inférieure à 5 centimes, cette fraction sera portée à 5 centimes.

Art. 6. — En cas de perte d'un envoi recommandé, et sauf le cas de force majeure, il sera payé une indemnité de 50 francs à l'expéditeur, ou, sur la demande de celui-ci, au destinataire. Toutefois, cette indemnité ne serait pas payable, si l'envoi était originaire ou à destination d'un pays ou avait été perdu en cours de transit par un pays qui, d'après sa législation, n'est pas responsable pour la perte des objets recommandés à l'intérieur.

Quand l'indemnité sera due, son payement aura lieu dans le plus bref délai, et, au plus tard, dans le délai d'un an à partir du jour de sa réclamation.

Toute réclamation d'indemnité sera proscrite si elle n'a pas été formulée dans le délai d'un an à partir de la remise à la poste de l'objet recommandé.

Art. 7. — L'expéditeur de tout objet recommandé à destination des pays dénommés au tableau A pourra demander, au moment du dépôt de ces objets, qu'il lui soit donné avis de sa réception par le destinataire.

Dans ce cas, il payera d'avance un droit fixe de 50 centimes pour le port de l'avis.

Art. 8. — Le prix des livrets postaux d'identité qui seront délivrés par l'administration française est fixé à 50 centimes.

ENVOIS CONTRE REMBOURSEMENT

Décret du 13-14 août 1892, relatif aux objets envoyés par la poste contre remboursement :

Article premier. — Les objets confiés à la poste, pour être livrés contre remboursement, doivent porter en tête de la suscription la mention de la somme à payer par le destinataire, énoncée en toutes lettres, en francs et centimes.

Art. 2. — Ces objets ne doivent pas dépasser un poids maximum de cinq cents grammes. Ils ne peuvent avoir, sur aucune de leurs faces, une dimension supérieure à trente centimètres.

Art. 3. — Ils sont insérés dans des boîtes, sacs, étuis, enveloppes de toile ou fort papier constituant un emballage clos, suffisamment résistant pour les mettre à l'abri de toute perte ou détérioration. Ils sont scellés de cachets en cire fine, de même couleur, avec empreinte portant un signe particulier à l'envoyeur. Le nombre des cachets doit être suffisant pour assurer l'inviolabilité du contenu. Toutefois les bijoux en or, argent ou en platine, les objets précieux et les matières d'or et d'argent sont toujours insérés dans des boîtes ficelées et cachetées.

Art. 4. — Il n'est pas admis d'envois dont le contenu serait de nature à salir ou à maculer les correspondances ou à blesser les agents.

Art. 5. — L'expéditeur consigne sur la suscription de l'envoi la mention « Envoi contre remboursement de... » (somme en toutes lettres); il remplit un bordereau qui lui est remis gratuitement et sur lequel il fait la description de l'objet et reproduit le montant de la somme à payer par le destinataire. Ce bordereau est inséré par lui dans une enveloppe non affranchie, qui lui est donnée gratuitement et qui est annexée à l'envoi jusqu'à l'arrivée de ce dernier au bureau de destination.

Art. 6. — Il est délivré à l'expéditeur un récépissé de dépôt.

Ce récépissé ne fera pas mention du poids qui ne sera pas constaté, mais il indiquera le montant de la somme à payer par le destinataire, le nombre des cachets, leur empreinte et la couleur de la cire.

Art. 7. — Les envois contre remboursement refusés par les destinataires ou adressés à des personnes décédées, inconnues ou parties sans adresse, sont renvoyés aux expéditeurs dans les vingt-quatre heures.

Quant à ceux adressés à des destinataires momentanément absents, ils sont conservés au bureau pendant un délai de cinq jours, non compris le jour de leur arrivée.

Art. 8. — Les envois contre remboursement peuvent, à défaut du destinataire, être livrés soit à une personne à ses gages (domestique, concierge, etc.) contre le paiement de la somme indiquée sur la suscription et contre émargement au carnet de distribution.

Art. 9. — Il ne sera fait qu'une seule présentation à domicile des envois contre remboursement.

Après cette présentation, un avis sera laissé au domicile du destinataire, l'informant que l'objet est tenu à sa disposition au bureau pendant un délai de cinq jours.

Art. 10. — L'administration des postes et télégraphes pourra ne faire remettre les objets à livrer contre remboursement que dans le cours des distributions dans lesquelles sont comprises les valeurs à recouvrer.

D'autre part, les envois contre remboursement seront conservés au bureau pour y être retirés par les destinataires toutes les fois que leur nombre, leur volume ou leur poids rendraient impossible leur transport par les facteurs. Dans ce cas, l'avis prévu par l'article précédent leur sera adressé aussitôt après l'arrivée des objets au bureau.

Art. 11. — Les envois contre remboursement dont le destinataire a changé de résidence sont réexpédiés sur sa nouvelle demeure.

MANDATS

Décret du 27 juin 1892, échange des mandats :

Article premier. — Des envois de fonds pourront être faits, par la voie de la poste et au moyen de mandats, entre la France, l'Algérie, et les bureaux français à l'étranger, d'une part, et, d'autre part, l'Allemagne, les protectorats allemands de l'Afrique orientale, de Cameroun, de Togo et de la Nouvelle-Guinée, l'Autriche-Hongrie, la Belgique, la Bulgarie, le Danemark (y compris l'Islande et Féroë), les Antilles danoises, l'Italie, la colonie italienne Eritrea, le Luxembourg, la Norwège, les Pays-Bas, les Indes-Néerlandaises orientales, le Portugal, la Roumanie, la Suède, la Suisse, l'Egypte, la République Argentine, le Chili, le Salvador.

Art. 2. — Le maximum de chaque mandat est fixé à 500 francs effectifs, ou à une somme correspondante dans les rapports avec les pays qui n'ont pas la monnaie décimale.

Art. 3. — Le droit à payer dans les bureaux français par les expéditeurs des fonds transmis au moyen de mandats de poste à détermination des pays dénommés à l'article premier du présent décret sera de 0,25 cent. par 25 francs ou fraction de 25 francs.

Les mandats de poste ne devront pas être soumis, à la charge des expéditeurs ou des destinataires des fonds, à un droit ou à une taxe quelconque en sus du droit perçu en vertu de l'alinéa précédent, sauf le droit qui peut être exigible pour le payement à domicile dans les pays où ce service est organisé.

Art. 4. — Un récépissé sommaire de la somme versée devra être remis, sans frais, à l'expéditeur au moment du dépôt.

Art. 5. — L'expéditeur d'un mandat de poste ou d'un mandat télégraphique pourra demander, au moment du dépôt, qu'il lui soit donné avis, par la poste, du payement de ce mandat au bénéficiaire.

Dans ce cas, il payera d'avance une somme de 10 centimes.

Art. 6. — Les mandats pourront être transmis par le télégraphe dans les rapports entre la France et l'Algérie, d'une part, et l'Allemagne, l'Autriche-Hongrie, la Belgique, la Bulgarie, le Danemark (moins l'Islande et Feroë), l'Italie le Luxembourg, la Norwège, les Pays-Bas, le Portugal, la Roumanie, la Suède, la Suisse, l'Egypte, d'autre part.

Les expéditeurs de mandats à transmettre par voie télégraphique auront à payer, outre le droit afférent à un mandat de poste de même somme, la taxe exigible pour un télégramme ordinaire comportant le même nombre de mots et adressé à la même destination.

Art. 7. — La remise à domicile de l'avis d'arrivée d'un mandat télégraphique, tiré de pays dénommés à l'article 6 précédent sur la France et l'Algérie, donnera lieu à la perception sur le destinataire, à titre de frais de copie, d'un droit de 50 centimes.

Seront, en outre, exigibles des destinataires les frais résultant de la distribution par exprès, en dehors du lieu d'arrivée, des mandats télégraphiques, lorsque ce mode de distribution aura été réclamé par le déposant sans que celui-ci en ait payé les frais.

Art. 8. — Les sommes converties en mandats de poste seront garanties aux déposants jusqu'au moment où elles auront été régulièrement payées aux ayants droit.

Les sommes encaissées en échange de mandats de poste, émis dans les bureaux français à destination de l'étranger, seront définitivement acquises au Trésor, si le montant de ces sommes n'a pas été réclamé par les ayants droit ou n'a pu leur être payé ou remboursé dans un délai de cinq années.

Art. 9. — Les mandats émis par les bureaux français, à destination de pays étrangers en Europe, de la colonie italienne Eritrea et de l'Egypte, et *vice versa*, seront valables pendant un délai de deux mois à partir du premier jour du mois qui suit celui de leur émission. Ce délai sera de six mois pour les mandats échangés avec les pays hors d'Europe (moins l'Egypte et l'Eritrea). Les mandats périmés ne pourront être payés que sur un visa pour date donné par l'administration du pays d'origine. Le visa pour date donnera aux mandats une nouvelle durée de validité égale à celle prévue à l'alinéa précédent.

Art. 10. — Les mandats pourront être remboursés aux déposants sur leur demande aussitôt que l'administration du pays d'origine sera entrée en possession du titre non payé.

Pour obtenir le remboursement d'un mandat égaré, perdu ou détruit, le déposant devra produire, avec son récépissé, une attestation du destinataire portant que le mandat n'a pas été aliéné, qu'il ne lui est pas parvenu, ou qu'il a été à dire ou détruit après réception.

A défaut du remboursement prévu à l'alinéa précédent, les mandats égarés, perdus ou détruits, pourront être remplacés, sur la demande de l'expéditeur ou du destinataire, par des autorisations de payement ou duplicata (délivrés, sans frais, par l'administration du pays d'origine, lorsqu'il aura été constaté qu'ils n'ont été ni payés ni remboursés.

LETTRES ET BOITE AVEC VALEUR DÉCLARÉE

Décret du 27 juin 1892, échange des lettres et des boîtes avec valeur déclarée :

Article premier. — Il pourra être expédié des lettres contenant des valeurs-papiers déclarées et des boîtes contenant des bijoux et objets précieux déclarés avec garantie du montant de la déclaration, savoir :

1° De France et d'Algérie pour les colonies françaises et pour les pays étrangers dénommés au tableau A annexé au présent décret ;

2° Des bureaux français à l'étranger pour la France et l'Algérie, ainsi que pour les colonies françaises et pour les pays étrangers dénommés au tableau B annexé au présent décret ;

3° Des colonies françaises directement desservies par des paquebots-poste français pour la France l'Algérie, ainsi que pour les colonies françaises et pour les pays étrangers dénommés au tableau C également ci-annexé.

Art. 2. — Le maximum de déclaration par envoi sera de 10.000 francs.

Art. 2. — Les boîtes de valeurs déclarées ne devront pas dépasser le poids de 1 kilog.; leurs dimensions ne devront pas excéder 20 centimètres en longueur, 10 centimètres en largeur et 10 centimètres en hauteur ; l'épaisseur des parois des boîtes est fixée à 8 millimètres au minimum.

Art. 4. — La taxe d'affranchissement des lettres et des boîtes de valeurs déclarées devra être acquittée en timbres-poste par l'expéditeur et se composera :

Pour les lettres, du port et du droit fixe applicables à des lettres recommandées du même poids et pour la même destination et du droit proportionnel d'assurance respectivement indiqué aux tableaux A, B, C, annexés au présent décret ;

Pour les boîtes, du port et du droit proportionnel d'assurance respectivement indiqués auxdits tableaux A et C.

Art. 5. — La déclaration d'une valeur supérieure à la valeur réellement insérée dans une lettre ou dans une boîte est interdite et serait, le cas échéant, punie conformément à l'article 5 de la loi du 4 juin 1859, sans préjudice de la perte, pour l'expéditeur, du droit à l'indemnité prévue à l'article 8 ci-après.

Il est, en outre, interdit d'insérer dans les boîtes avec valeur déclarée des lettres ou notes pouvant tenir lieu de correspondance, des monnaies ayant cours, des billets de banque et valeurs quelconques au porteur.

Art. 6. — L'expéditeur de tout envoi contenant des valeurs déclarées pourra demander, au moment du dépôt, qu'il lui soit donné avis de la réception de cet envoi par le destinataire.

Dans ce cas, il payera d'avance une somme de 10 centimes.

Art. 7. — L'expéditeur d'un envoi contenant des valeurs déclarées recevra sans frais, au moment du dépôt, un récépissé sommaire de son envoi.

Art. 8. — Sauf le cas de force majeure, lorsqu'une lettre ou une boîte contenant des valeurs déclarées viendra à être perdue, spoliée ou avariée dans le service des postes, l'expéditeur ou, sur sa demande, le destinataire, aura droit à une indemnité correspondant au montant réel de la spoliation, de la perte ou de l'avarie, à moins que le dommage n'ait été causé par la faute ou par la négligence de l'expéditeur ou ne provienne de la nature de l'objet, et sans que l'indemnité puisse dépasser, en aucun cas, la somme déclarée.

Le payement à l'ayant droit de l'indemnité dont s'agit aura lieu dans le plus bref délai possible et, au plus tard, dans le délai d'un an à partir du jour de la réclamation.

Les réclamations concernant la perte, la spoliation ou l'avarie d'envois contenant des valeurs déclarées ne pourront être admises que dans le délai d'un an à partir du jour du dépôt desdits envois à la poste. Passé ce délai, le réclamant n'aura droit à aucune indemnité.

Art. 9. — En cas de remboursement de valeurs qui ne seraient pas parvenues au destinataire, l'administration des postes sera subrogée dans tous les droits du propriétaire.

A cet effet, la partie prenante devra, au moment du remboursement, consigner par écrit les renseignements propres à faciliter les recherches et subroger dans tous ses droits ladite administration.

Art. 10. — Le service des postes cessera d'être responsable des valeurs déclarées contenues dans les envois dont les destinataires ou leurs fondés de pouvoirs auront donné, reçu ou pris livraison.

Art. 11. — Les droits de garantie et de douane exigibles, à l'importation en France et en Algérie, et, le cas échéant, les droits de garantie à restituer, à l'exportation de France et d'Algérie, sur les boîtes de valeurs déclarées provenant ou à destination de l'extérieur, seront perçus ou remboursés conformément à la législation sur la matière.

Les boîtes avec valeurs déclarées transmises par l'intermédiaire de la poste, qui seront adressées de France aux colonies et à l'étranger, et *vice versa*, ou qui transiteront par la France, seront exemptées du droit de statistique.

La réexpédition, soit sur le pays d'origine, soit sur un autre pays participant à l'échange des boîtes de valeurs déclarées, d'une boîte de l'espèce non distribuée en France ou en Algérie, donnera lieu à l'inscription, au débit de l'office auquel la boîte est livrée, indépendamment de la taxe postale complémentaire qui peut être exigible, de la taxe d'essai perçue à l'entrée en France.

RECOUVREMENTS

Décret du 27 juin 1892, service des recouvrements.

Article premier. — Les quittances, factures, billets à ordre, traites et généralement toutes les valeurs commerciales ou autres, payables sans frais, pourront être recouvrées par la poste dans les rapports entre la France et l'Algérie d'une part, et l'Allemagne, l'Autriche-Hongrie, la Belgique, l'Egypte, l'Italie, le Luxembourg, la Norwège, les Pays-Bas, le Portugal, la Roumanie et la Suisse d'autre part.

Art. 2. — Le maximum du montant des valeurs à recouvrer est fixé, par envoi, à 2.000 francs, dans les rapports avec la Belgique et l'Italie; et à 1.000 francs dans les rapports avec les autres pays précités.

Art. 3. — Le même envoi pourra contenir plusieurs valeurs recouvrables par un même bureau de poste sur des débiteurs différents au profit d'une même personne.

Il n'est pas permis de réunir dans un même envoi des valeurs à différents jours d'échéance.

Le montant des valeurs sera exprimé dans la monnaie du pays où le recouvrement devra être opéré.

Chaque valeur devra porter la signature pour acquit du déposant, s'il y a lieu.

Il est interdit de joindre à l'envoi des lettres ou notes pouvant tenir lieu de correspondance entre le créancier et le débiteur, ou de consigner sur le bordereau de recouvrement, d'autres annotations que celles que comporte la contexture de cette formule.

Art. 4. — Les envois de valeurs à recouvrer seront transmis sous forme de lettres recommandées, moyennant payement, par l'expéditeur, d'une taxe fixe de 25 centimes par envoi.

Un récépissé de l'envoi sera remis gratuitement à l'expéditeur au moment du dépôt.

Art. 5. — L'encaissement par le service français de valeurs

d'origine étrangère donnera lieu au prélèvement d'un droit de
10 centimes par 20 francs ou fractions de 20 francs sans pouvoir excéder 50 centimes par valeur encaissée.

Ce prélèvement sera attribué, par parts égales, au receveur
et au facteur ayant participé à l'encaissement.

Il ne sera pas admis de payement partiel ; toute valeur dont
le montant n'aura pas été payé intégralement en une seule fois
sera tenue comme refusée.

Art. 6. — La somme recouvrée, après déduction :

1° de la taxe afférente à un mandat de poste de même somme pour la même destination ;

2° du prélèvement fixé à l'article précédent ;

3° s'il y a lieu, des droits applicables aux valeurs.

Les valeurs qui n'auront pu être recouvrées seront renvoyées
sans frais au déposant, par l'intermédiaire du bureau de poste
de dépôt.

Art. 7. — Sauf le cas de force majeure, en cas de perte d'une
lettre recommandée contenant des valeurs à recouvrer, il sera
payé au déposant une valeur de 50 francs. En cas de perte
des sommes encaissées, le montant intégral de ces sommes
sera remboursé.

COLIS POSTAUX

Décret du 27 juin 1892, application de la loi des 12 et 13 avril 1892.

Article premier. — Les taxes et conditions d'envoi applicables en vertu des lois susvisées aux colis postaux sont déterminées conformément aux indications des tableaux I à X
annexés au présent décret. L'affranchissement des colis postaux sera obligatoire.

Les colis postaux ordinaires de 0 à 3 et de 3 à 5 kilos, lorsqu'ils seront transportés exclusivement par voie de terre, au
moyen des correspondants de chemins de fer, ou des courriers
de la poste, supporteront la même taxe que les colis de gare
à gare ou de gare à domicile, prévue au tableau n° 1, suivant
qu'ils seront livrables bureau restant ou à domicile.

L'expéditeur d'un colis postal recevra gratuitement, au moment du dépôt, un récépissé sommaire de son envoi.

L'expéditeur de tout colis postal peut recevoir un avis de
réception de ce colis moyennant un droit fixe de 0,25 centimes.

Art. 2. — En cas de livraison à domicile dans les localités
desservies par le factage ou correspondance, et en cas de distribution dans un bureau de poste ouvert au service d'un colis
postal ayant emprunté la voie ferrée, il sera perçu de l'expéditeur un droit de 0,25 centimes.

Pour les colis provenant des pays étrangers, ce droit sera

perçu du destinataire à l'arrivée, sauf arrangement contracté avec les offices intéressés.

Les colis distribuables dans les localités de la France continentale où la livraison à domicile est assurée pourront être remis immédiatement après leur arrivée au lieu de destination par un porteur spécial, lorsque les expéditeurs en auront fait la demande et auront acquitté à cet effet une taxe dite « d'exprès » de 50 centimes.

Pour les envois à destination des pays étrangers qui acceptent les colis par exprès, l'expéditeur paye d'avance un droit fixe de 50 centimes et le complément, s'il y a lieu, des frais d'exprès est recouvré sur le destinataire par le bureau de destination.

Art. 3. — Les destinataires des colis livrables en gare seront avisés dans les vingt-quatre heures, par les chefs de gare, de l'arrivée des colis à leur adresse et devront rembourser le port de la lettre d'avis avant de prendre possession de ces colis.

Le destinataire de tout colis postal livré à domicile remboursera au transporteur les droits de douane, d'octroi ou autres, dont celui-ci aurait fait l'avance.

Tout colis postal porté à domicile par un service de factage ou de correspondance, et qui n'aura pas été livré pour une cause quelconque, sera conservé en gare au bureau de correspondance, ou au bureau de poste à la disposition du destinataire. Si un second transport à domicile est demandé par celui-ci, la livraison ne sera opérée que contre payement d'un nouveau droit de factage de 25 centimes, indépendamment du droit de magasinage exigible en conformité des tarifs.

Le destinataire d'un colis postal provenant de l'étranger aura à payer un droit de timbre de 0,10 centimes.

Art. 4. — Dans les relations avec les pays qui y consentiront les expéditeurs pourront prendre à leur charge les droits de douane exigibles à l'arrivée, moyennant déclaration préalable et dépôt d'arrhes suffisantes au bureau de départ.

Les expéditeurs pourront également faire retirer du service les colis postaux ou en faire modifier l'adresse, aux conditions et sous les réserves déterminées pour les objets de correspondance. De plus ils seront tenus de garantir d'avance le payement du port dû pour la nouvelle transmission.

Art. 5 — La réexpédition d'un colis postal, par suite du changement de résidence du destinataire, du renvoi à l'expéditeur ou pour toute autre cause, donnera lieu à la perception supplémentaire d'une nouvelle taxe et d'un nouveau droit de timbre de dix centimes, à la charge du destinataire ou de l'expéditeur, suivant le cas, sans préjudice du remboursement des droits de douane ou d'octroi acquittés et des taxes de factage, de magasinage, et autres frais, s'il y a lieu.

La réexpédition par suite de fausse direction ou d'une erreur de service ne pourra donner lieu à aucune perception supplémentaire à la charge du public.

Art. 6. — Les colis postaux qui n'auront pu être livrés aux destinataires pour une cause quelconque, et que les expéditeurs, dûment consultés, n'auront pas fait rentrer ou réexpédier, seront tenus à la disposition de ceux-ci pendant six mois s'il s'agit de colis du régime extérieur. Passé ce délai, ils seront livrés à l'administration des domaines pour être vendus au profit de l'État, sauf déduction des taxes et frais dus aux transporteurs, s'il y a lieu.

Les colis originaires de l'étranger seront conservés en souffrance pendant un délai de deux mois, à l'expiration duquel ils seront renvoyés d'office au bureau d'origine. Ce délai est porté à six mois pour les relations avec les pays d'outre-mer.

Toutefois, ceux des colis postaux non distribués qui renfermeraient des articles sujets à corruption ou à détérioration seront vendus immédiatement au profit de qui de droit, sans avis préalable ni formalités judiciaires.

Art. 7. — Sauf le cas de force majeure, la perte, la spoliation ou l'avarie d'un colis postal donnera au profit de l'expéditeur, à défaut ou sur la demande de celui-ci, du destinataire, à une indemnité correspondant au montant réel de sa perte, de l'avarie ou de la spoliation, sans que cette indemnité puisse toutefois dépasser pour les colis ordinaires 15 ou 25 francs, suivant que leur poids n'excède pas ou excède 3 kilogrammes.

Pour le colis avec valeur déclarée, l'indemnité pourra s'élever jusqu'au montant de cette valeur, mais en cas de déclaration frauduleuse d'une valeur supérieure à la valeur réelle du colis, l'expéditeur perdra tout droit à une indemnité sans préjudice des poursuites judiciaires que comporte la législation sur la matière.

L'expéditeur d'un colis perdu aura droit, en outre, à la restitution des frais d'expédition.

Le payement de l'indemnité aura lieu le plus tôt possible, et au plus tard dans le délai de trois mois pour le régime intérieur, et d'un an pour le régime international, à partir du jour de la réclamation.

Toute réclamation produite après un an à partir de la date d'expédition du colis sera nulle et sans effet.

La responsabilité du transporteur cessera par le fait de la livraison des colis postaux aux destinataires ou à leurs représentants.

En cas de perte des sommes perçues à titre de remboursement ou en cas de livraison des colis au destinataire sans que le montant du remboursement ait été encaissé, l'expéditeur du colis postal aura droit au payement intégral des sommes perdues ou non encaissées.

Art. 8. — Les colis postaux seront transportés par les trains en usage pour le service de grande vitesse et dirigés par le même itinéraire que ces colis. Leur expédition, leur transmission d'une compagnie à une autre et leur livraison auront lieu dans les délais les plus courts fixés par les règlements généraux pour les transports à grande vitesse.

Les transports par voie maritime seront effectués par les compagnies de navigation aux conditions de leur itinéraire réglementaire.

Art. 9. — Les taxes applicables en vertu des lois et décrets antérieurs au présent décret sont maintenues en ce qui concerne les colis originaires ou à destination des colonies françaises, sauf les exceptions prévues au tableau X.

TABLEAU I

Tarif des colis postaux circulant à l'intérieur de la France continentale.

De 0 à 3 kil.
- Colis postal livrable en gare — 0,60 compris timbre 0,10.
- Colis postal livrable à domicile — 0,85 compris timbre 0,10 et factage 0,25.

De 3 à 5 kil.
- Colis postal livrable en gare — 0,80 compris timbre 0,10.
- Colis postal livrable à domicile ou poste restante — 1,05 compris timbre 0,10 et factage 0,25.

Taxe de retour d'un remboursement.

De 0 à 3 kil.
- Colis postal livrable en gare — 0,60 compris timbre 0,10.
- Colis postal livrable à domicile — 0,85 compris timbre 0,10 et factage 0,25.

De 3 à 5 kil.
- Retour du remboursement en gare — 0,80 compris timbre 0,10.
- Retour du remboursement à domicile — 1,05 compris timbre 0,10 et factage 0,25.

Taxe d'assurance en cas de déclaration de valeur — 0,10 jusqu'au maximum de 500 fr.

TABLEAU II

Tarif des colis postaux échangés à l'intérieur de l'Algérie ou entre la France et l'Algérie.

	Jusqu'à 3 kil.	de 3 à 5 kil.
A l'intérieur de l'Algérie...............	0 50	0 70
D'un port métropolitain pour un port algérien et réciproquement.....................	0 25	0 45
D'un port métropolitain pour une gare algérienne et réciproquement..................	0 75	0 95
D'une gare de France pour un port algérien et réciproquement.....................	0 75	0 95
D'une gare de France pour une gare en Algérie et réciproquement.....................	1 »	1 20

Voir les observations générales après le sixième tableau.

TABLEAU III

Tarif des colis postaux échangés à l'intérieur de la Corse ou entre la France et la Corse.

	3 kil.	5 kil.
A l'intérieur de la Corse................	0 50	0 70
D'un port métropolitain pour un port corse et réciproquement.....................	0 25	0 45
D'un port métropolitain pour l'intérieur de la Corse et réciproquement..................	0 75	0 95
D'une gare de France pour un port de la Corse et réciproquement..................	0 75	0 95
D'une gare de France pour l'intérieur de la Corse et réciproquement..................	1 »	1 20

L'admission des colis contre remboursement jusqu'à 100 fr. aura lieu moyennant le paiement d'une taxe égale au prix du transport d'un colis postal. Il y aura lieu également à une acceptation des colis sans limite de volume ou de dimension par les paquebots de la compagnie concessionnaire du service maritime postal entre la France et la Corse. — Voir les observations générales après le sixième tableau.

TABLEAU V

Tarif des colis postaux expédiés de la France, de la Corse et de l'Algérie en Tunisie.

	Jusqu'à 3 kil.	De 3 à 5 kil.
D'un port métropolitain ou corse pour la Tunisie.....................................	0 50	0 70

	Jusqu'à 3 kil.	de 3 à 5 kil.
D'une gare de France, de l'intérieur de la Corse pour la Tunisie (voie directe des paquebots-poste)............................	1 »	1 20
D'une gare de France, de l'intérieur de la Corse pour la Tunisie (voie d'Algérie)..	1 25	1 45
D'un port algérien pour un port tunisien (voie directe des paquebots-poste)...............	0 50	0 70
D'une gare d'Algérie pour la Tunisie (voie ferrée)...............................	0 70	0 85

Pour ce tableau, la limite de dimension des colis est de 0.60 centimètres, limite de volume 0.25 décimètres cubes, et admission des cannes, parapluies, cartes, plans ou rouleaux d'une faible épaisseur et non encombrants.

Détaxe.

Les tarifs dûment homologués des compagnies de chemin de fer ont force de loi envers et contre tous. Les erreurs qui se produisent dans la perception des taxes doivent être réparées et si les compagnies sont en droit de réclamer ce qu'elles ont perçu en moins, les expéditeurs ou les destinataires peuvent au même titre réclamer ce qui a été indûment perçu.

Le délai pour produire les réclamations est de cinq ans.

Les erreurs ainsi commises par la faute des employés qui ne se donnent souvent pas la peine de rechercher les tarifs les moins coûteux ou qui se trompent presque toujours au détriment des expéditeurs, s'élèvent à plusieurs millions. En présence de semblables résultats très onéreux pour le commerce, des agences ont été fondées dans les centres importants par des personnes bien au courant des tarifs des chemins de fer pour faire, au nom des commerçants, les réclamations nécessaires et les démarches qui doivent aboutir à la restitution des sommes indûment payées.

Ces agences recueillent les lettres de voiture, qu'elles soumettent à une minutieuse vérification et dont elles se servent auprès des Compagnies pour en faire opérer la détaxe.

Cependant la détention d'un récépissé ne confère pas légalement au porteur, alors qu'il n'est pas le destinataire, le droit de réclamer la détaxe ni celui d'en toucher le montant, c'est pourquoi, en cas de résistance de la part de la compagnie, ces agences sont parfois dans l'obligation de se faire remettre une procuration spéciale et enregistrée.

Les compagnies elles-mêmes vérifient sur une simple demande les lettres de voiture ou récépissés qui leur sont remis et en opèrent la détaxe, mais le plus souvent les demandes restent sans effet parce qu'il n'a pas été tenu compte si la marchandise a voyagé dans la série qui lui convient, si l'itinéraire suivi a bien été le moins coûteux ni des conditions des tarifs demandés. Ces compagnies se bornent à examiner si la taxe perçue est bien celle qui correspond à la série indiquée sur le récépissé par rapport au parcours effectué.

Il faut donc, pour faire avec succès une demande de détaxe, connaître la classification de marchandises en séries, l'assimilation à telle ou telle autre marchandise comprise dans une série déterminée, qui convient à une marchandise non classée; les itinéraires les plus économiques à suivre et les tarifs multipliés et compliqués en vigueur.

Les commerçants même les mieux initiés reculent souvent devant de pareilles difficultés et préfèrent confier leurs demandes aux agences qui ont acquis leur confiance. Ils s'évitent ainsi des ennuis, ils y gagnent du temps et de l'argent. Nous ne saurions trop recommander à la confiance des commerçants petits ou gros la *Maison du Comptoir mellois* (*Melle, Deux-Sèvres*), tant pour la modicité des remises qu'elle prélève, la probité intègre de ses opérations que pour l'habileté consommée avec laquelle elle procède.

TABLE DES MATIÈRES

Pages.

Notions générales sur les chemins de fer et les conditions qui leur sont imposées 3

Des tarifs 5

De la perception des taxes 7

Factage, camionnage, correspondance 8

Lettre d'avis 10

Fourniture, chargement, déchargement 14

Obligations des expéditeurs 16

Obligations des destinataires 18

Obligations des Compagnies. Départ 20

Responsabilité des Compagnies 27

Responsabilité des Compagnies vis-à-vis des expéditeurs ... 29

Avaries et pertes partielles 32

Prescription 34

Transport des voyageurs 35

Responsabilité des Compagnies vis-à-vis des voyageurs 36

Bagages 37

Postes 40

Détaxe 53

Poitiers. — Imp. Blais, Roy et Cie, rue Victor-Hugo, 7.

RED. :

15

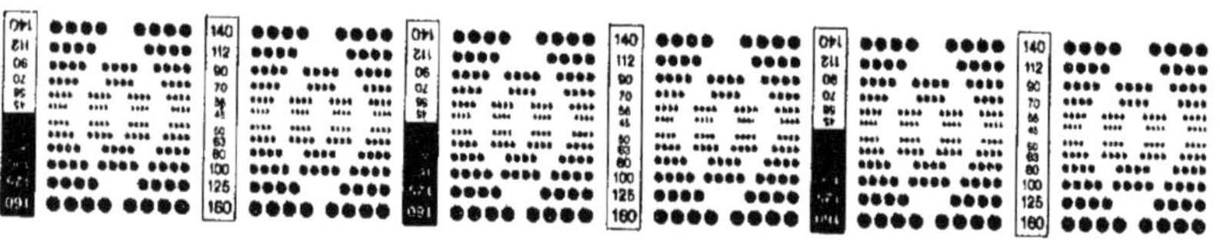

MIRE ISO N° 1
NF Z 43-007
AFNOR
Cedex 7 - 92080 PARIS-LA-DÉFENSE
graphicom
3798970